AF479427

# QUE SERAIT UNE SOCIÉTÉ

# SANS DIEU,

# SANS GOUVERNEMENT

ET

## SANS PROPRIÉTÉ?

OU

### VUE FINALE

## DU PROUDHONISME ET DU COMMUNISME,

**PAR M. GANDON,**

OUVRIER.

> — « Dieu, c'est l'homme.
> « L'homme n'est que le reflet de Dieu.
> — « Les gouvernements sont les fléaux de Dieu.
> « Le pouvoir fut légitime comme l'autorité
> paternelle, dont il est l'incrément.
> — « La propriété, c'est le vol.
> « La propriété est inviolable et sacrée. »
> PROUDHON.

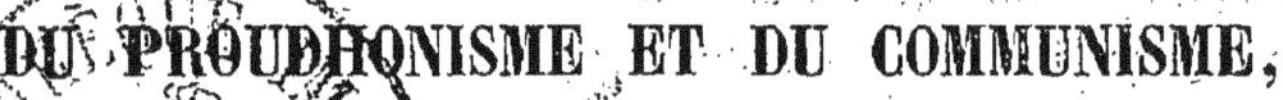

PARIS.

DELAROQUE, LIBRAIRE, QUAI VOLTAIRE, 21 ;
DENTU, LIBRAIRE, GALERIE D'ORLÉANS, PALAIS-NATIONAL, 15,
ET BOULEVARD DES ITALIENS, 7.

1851

OUVRAGES DU MÊME AUTEUR :

-------

Libre arbitre.

Réfutation du Communisme.

Réfutation générale des différents systèmes sociaux par l'analyse et le raisonnement.

Plusieurs publications sur la Religion et la Philosophie.

Extravagance du Proudhonisme.

Réfutation générale de l'Association universelle basée sur le Matérialisme.

*Prochainement, publication de :*

La Vérité, démontrée par l'Antinomie, l'Analogie et le Rationalisme.

Imprimerie de Hennuyer et Cᵉ, rue Lemercier, 24, Batignolles.

# AVANT-PROPOS.

Beaucoup de gens, parce qu'ils ont vu l'autorité faire rentrer dans le silence, par la force matérielle, les idées qui agitaient la société, s'imaginent que tout est fini; comme si un élément comprimé et non dissous pouvait perdre de son énergie; comme si encore une idée qui germe dans le calme ne poussait pas des racines beaucoup plus puissantes que celle que le tumulte évapore.

Qu'on le sache bien ! la répression d'un mal doit être proportionnée à l'éminence du danger qu'il présente ; mais il faut que les moyens répressifs soient l'antidote du principe que l'on veut anéantir, autrement le danger, loin de s'éteindre, ne peut que s'aggraver.

Premièrement : quand un peuple est assujetti à des souffrances physiques fatales qui n'ont point de solution, relativement au temps où elles se produisent, et qui peuvent devenir une cause de perturbation sociale, le principal remède à opposer au péril, est la répression religieuse.

Deuxièmement : quand la société est menacée par la propagation d'idées fausses promettant au peuple un bonheur impossible ou chimérique, le moyen le plus sûr pour anéantir ces idées, est la répression philosophique.

Troisièmement : quand un peuple est révolutionnaire par manie de faire de l'agitation, du désordre, la répression matérielle est le seul argument qu'on puisse opposer à ces tendances anarchiques.

Excepté dans ce dernier cas, où la passion est l'unique mobile des troubles sociaux, la répression matérielle, réduite à elle-même, est d'une impuissance radicale.

En effet, si le peuple, voué à des souffrances incontestables, attribue son malheur à ceux qui le gouvernent, et qu'on réponde à son ignorance à coups de sabre, croit-on qu'on l'aura convaincu et dompté ? Non. Il est vrai que l'on pourrait, pour un instant, étouffer sa plainte, mais on n'aurait pas donné à l'ordre des garanties solides. Il y aurait toujours au fond de la société de sourdes rumeurs, des fermentations de révolte, qui chercheraient en tout temps une issue pour éclater et pour bouleverser le monde.

D'ailleurs, comme nous l'avons dit plus haut, en employant un moyen qui ne soit pas le véritable antidote du principe que l'on combat, ce moyen deviendra une cause infaillible de ruine sociale.

Par exemple, si l'on fait seulement usage de la puissance politique pour résister aux idées démagogiques ou aux désordres populaires qu'elles peuvent susciter, il faudra augmenter cette puissance dans les proportions de la gravité du danger qui menace la société, c'est-à-dire que l'on sera forcé d'élever ou d'appesantir davantage les charges publiques qui sont toujours trop pénibles, et que le peuple ne saurait longtemps supporter ; par conséquent, loin de remédier à la situation, on ne ferait qu'envenimer le mal qui alimente les déclamations de l'utopie et donner naissance aux révolutions.

Ainsi, pendant qu'on travaillerait d'un côté, à réduire le peuple à la soumission, on creuserait, de l'autre, un abîme de misère et de haine où s'engloutiraient fatalement les pouvoirs.

Qu'on se rappelle que, du moment où l'amour du peuple abandonne l'autorité et ne lui sert plus d'appui, celle-ci, réduite à elle-même, se trouve bientôt déchirée en lambeaux par les rivalités ambitieuses des partis, et surtout par l'antagonisme des dévorateurs de budgets de tous les régimes. Ainsi, sous l'empire de la force, quand la révolution cesse en bas, elle recommence immédiatement en haut. Il n'y a donc point de salut pour une société qui n'est pas appuyée et sur la foi et sur la raison.

GANDON.

# QUE SERAIT UNE SOCIÉTÉ

## SANS DIEU,

# SANS GOUVERNEMENT

## ET SANS PROPRIÉTÉ?

---

Le crédit gratuit nie la propriété, et réciproquement.—Démonstration du principe de la propriété. — Qu'est-ce que l'Etat? sa raison d'être. Qu'est-ce que Dieu? la preuve de son existence. — Les constitutions politiques moulent les constitutions sociales, et réciproquement. — Du mutuel échange. — Comment il se distingue du crédit. — Absurdité de la loi agraire. — La gratuité du crédit et la communauté, quoique formant deux pôles extrêmes, ont le même point de départ et sont également fondées sur la négation de la propriété. — La communauté matérielle, c'est une étable d'animaux domestiques où chaque individu reçoit du maître sa portion de nourriture. Le régime proudhonien est, au contraire, une arène de bêtes fauves, se disputant leur proie et s'égorgeant réciproquement. — Le proudhonisme est la négation de toute société, le communisme matérialiste est la négation de toute individualité. — Définition de la concurrence. — Son principe et sa fin. — De l'impôt unique, par M. de Girardin, et corroboré par M. Proudhon.

**Le droit au crédit gratuit nie le droit de propriété, et réciproquement. — Démonstration du principe de la propriété et de la rente.**

S'il fallait se former une conviction sur le droit au crédit gratuit, d'après l'opinion de M. Proudhon, on serait très-embarrassé; car sur ce point, comme sur tous les autres, il dit tantôt *oui*, tantôt *non*, selon son humeur et ses caprices, sans qu'on puisse jamais savoir ni ce qu'il pense, ni ce qu'il veut. Cependant comme, en définitive, il paraît vouloir poursuivre la réalisation du droit au crédit, nous allons rapporter les affirmations contraires qu'il a soutenues pour et contre ce principe, et nous verrons que ces tergiversations sont le résultat de l'impossibilité absolue d'accorder la gratuité du crédit avec la propriété.

On lit dans le *Peuple* du 19 mars 1849 :

« Le droit au travail est la même chose que le droit au crédit. Mais le droit au crédit implique avec non moins d'évidence le devoir du crédit; car le droit engendre le devoir et *vice versa*, car droit et devoir sont termes corrélatifs, contemporains, se reproduisant et s'engendrant tour à tour, en un mot égaux l'un à l'autre.»

« ... J'ajoute qu'au point de vue révolutionnaire le droit au crédit n'est ni légal ni légitime. Il n'est pas légitime puisqu'il n'émane pas du principe de propriété, qu'il n'en est pas la transformation logique et naturelle. Il en est au contraire la suppression la plus violente, la plus arbitraire, suppression décrétée par le pouvoir et exécutée par la force. » (*Peuple* du 12 mars 1849.)

« L'Etat doit à tous le crédit, de même que la pension de retraite. » (*Voix du Peuple* du 17 nov. 1849.)

« Le crédit gratuit est la négation du crédit par l'Etat. » (*Confession d'un révol.*, p. 70.)

« Le crédit gratuit est un droit du citoyen ; je dis que la société (ou l'Etat qui la représente) me doit le crédit sans intérêt; l'intérêt, je l'appelle vol.» (*Voix du Peuple*, 3 déc. 1849.)

« Mais que servirait de travailler si le travailleur n'était le maître de son produit, de la totalité de son produit? » C'est-à-dire, si l'Etat lui prenait ses économies pour créditer les dissipateurs et les oisifs ? Le capital amassé par le travail est donc absolu dans son droit, et défie tout contrôle quand il prête à intérêt. (*Peuple* du 12 mars 1849.)

« Qu'est-ce, en vérité, que la mutilation du suffrage universel devant cette négation de la productivité du capital, qui ôte toute *réalité* au principe propriétaire?» (*Peuple* de 1850, 2ᵉ nᵒ.)

« Quant à moi, j'affirme que le droit au crédit ne peut se *réaliser* que pour le développement de la propriété.» (*Peuple* de 1850, 2ᵉ nᵒ.)

« Qu'est-ce que la propriété? c'est le vol ! »

J'affirme que la propriété est juste, légitime, inviolable et sacrée.» (Lettres à M. Bastiat.)

« La plus grande œuvre de notre siècle sera une révolution agraire.» (*Peuple* de 1850, 2ᵉ nᵒ.)

— Quand un homme se donne de pareils démentis, quand il se déchire lui-même par des contradictions aussi grossières que choquantes, n'est-il pas évident qu'il n'est qu'un sophiste travaillant de toutes ses forces à se rendre odieux devant le bon sens et la raison ?

Qu'est-ce que le droit au crédit gratuit ?

C'est le pouvoir légal qu'a tout citoyen d'obtenir de par la loi des produits alimentaires et des instruments de travail pour rien. Mais, comme a soin de le faire remarquer M. Proudhon, le droit au crédit a pour corollaire direct le devoir du crédit, ce qui implique que les capitalistes sont les débiteurs des travailleurs, et les riches des pauvres.

Contraindre les possesseurs de la fortune à mettre gratuitement leurs biens à la disposition du peuple, qui pourra partager ces biens égalitairement, n'est-ce pas en effet « *ôter toute réalité au principe propriétaire?* » n'est-ce pas nier la propriété sous toutes ses formes possibles ? Mais si chacun peut conserver intégralement les produits de son travail ou les biens acquis par un héritage légitime n'est-il pas certain, alors, que le droit au crédit, ne trouvant plus à s'alimenter, devient une pure chimère ? Ainsi le droit au crédit nie le droit de propriété et *vice versa*. Ce sont deux termes à jamais incompatibles et qui s'excluent fatalement. Cependant M. Proudhon, tout en poursuivant la réalisation du droit au crédit, entend respecter la propriété, fruit du travail ; mais comme il a pris à tâche de se confondre lui-même, il a formellement déclaré que c'est bien avec les produits du travail que le droit au crédit doit se sustenter. Voici du reste ce qu'il dit positivement à ce sujet, dans plusieurs articles de son journal :« La matière pure n'est rien ; travailler, c'est créer de rien. Ce que j'appelle produit, marchandise, capital, c'est la qualité, la forme, la valeur, que la matière pure a reçue par l'action du travail. D'après cette définition si catégorique du capital, il est clair que toute richesse réelle est le fruit du travail. » Donc, quand le crédit gratuit réclame légalement des avances de nourriture, logement, vêtements, machines, outils, etc., etc., il est évident que ce n'est pas à la matière pure qu'il s'adresse, mais bien aux produits du travail devenus capital par l'économie. C'est bien en un mot les fruits de l'activité des hommes laborieux et économes qui devront lui servir de pâture. Et qu'on n'aille pas croire que les crédités seront au moins tenus de rembourser l'amortissement aux créditeurs ; pas du tout. Aucune garantie ne doit gêner la liberté absolue des personnes qui auront reçu des avances, car :

« Le travail reste libre.

« La consommation libre.

« Le commerce, l'industrie, l'agriculture libres... » Liberté complète, illimitée en tout et partout, excepté chez les propriétaires. D'ailleurs, rappelons-nous ces paroles de M. Proudhon : « Il faut que celui qui a toujours obéi commande, et que celui qui a toujours commandé obéisse... » J'ai, pour dompter le capital, traité avec la misère. »

Ainsi c'est une affaire entendue, celui qui possédera des biens résultant d'une laborieuse activité, sera forcé de les donner aux viveurs, aux ivrognes, aux débauchés de toute espèce, afin que ces braves gens « les consomment librement », au gré de leurs innocents désirs.

Mais, me direz-vous, lecteurs, s'il devait en être ainsi, il y aurait plus d'avantage à s'abandonner à l'oisiveté et à la dissipation, qu'à mener une vie active et sage ; le travail et l'économie n'auraient plus de raison et seraient même impossibles. — Sans doute.

Et c'est précisément pour arriver à cette fin, que M. Proudhon se propose d'anéantir le capital. Car, par sa théorie économique, il veut élever des autels à l'indigence, et par sa théorie anarchique il y a tout à croire qu'il cherche à précipiter les nations dans un chaos universel pour qu'elles s'entre-détruisent réciproquement jusqu'au dernier des hommes. En effet, comment penser que l'auteur de la Banque du peuple ait une autre intention, quand, après avoir affirmé que la nature humaine est pétrie de vices, il proclame l'application du droit au crédit gratuit, tout en demandant une liberté absolue pour chaque citoyen crédité ?

Vous m'objecterez peut-être que quand M. Proudhon parle d'éteindre le capital, il entend seulement la suppression des priviléges capitalistes.—Désabusez-vous; l'agrairien n'ignore pas du tout qu'on ne peut supprimer l'intérêt, la rente, etc., sans supprimer le droit de propriété. Il sait parfaitement bien que si un propriétaire a le droit de disposer de son usine, de sa terre et de sa maison, rien ne l'empêche de vendre ses propriétés ou de les louer, ce qui implique bénéfice, rente, etc., etc. En effet, la faculté que vous avez de prélever des intérêts sur un bien dont vous êtes maître absolu, et que vous prêtez au lieu de le garder, est inséparable du droit de propriété. M. Proudhon connaît ces vérités par cœur. Par conséquent, sa guerre à mort contre le capital n'a pas d'autre but que la destruction de toute richesse ou la réalisation de la misère universelle. Si, par exemple, M. Proudhon voulait supprimer le capital individuel pour le transformer en capital social, ou abolir la propriété pour établir la communauté, on comprendrait qu'il veut seulement changer les rapports de la fortune et non l'anéantir ; mais il n'en est pas ainsi, car il est aussi ennemi de la communauté que de la propriété. Quoi qu'il en soit, jamais le proudhonisme ne pourra échapper à ce dilemme : ou le crédit sera obligatoire, et alors la propriété est une illusion ; ou il sera libre, et, dans ce cas, la propriété reste exactement ce qu'elle est aujourd'hui ; c'est-à-dire que le crédit gratuit n'est plus un droit légal et n'a plus rien d'organique.

Comprenez bien ceci : qui dit capital, dit fruit du travail ; et qui dit fruit du travail, dit capital ; ce sont deux termes synonymes, ayant en principe absolument la même source, la même origine. Si, plus tard, la richesse s'accroît par d'autres moyens que par le travail, son principe primitif n'en est pas moins respectable. Donc, on ne peut contester au capitaliste son droit de possession, sans refuser à l'ouvrier le droit de disposer comme il l'entend de ses économies.

Par exemple, si l'on pouvait dire au propriétaire : « Le champ que tu as acheté avec les sueurs de ton front ne t'appartient pas, tu dois nous le donner gratuitement », n'est-ce pas comme si l'on disait : tout produit sorti des mains du travailleur laborieux deviendra la proie de l'oisiveté ?

Il est vrai que, par son droit de propriété, le détenteur de capitaux peut rançonner le travailleur et s'enrichir à ne rien faire ; mais cette conséquence de la propriété, si abusive qu'elle soit, ne peut en rien modifier la nécessité du droit propriétaire, puisqu'on ne saurait supprimer ce droit sans tomber aussitôt dans la loi agraire, laquelle est mille fois plus injuste et des millions de fois plus désastreuse dans ses effets que les plus grands abus des priviléges capitalistes.

La propriété présente en elle-même cette fatale antinomie : niez le droit qu'a l'ouvrier de posséder exclusivement les produits de son travail, alors vous affirmez qu'il doit se rendre l'esclave d'autrui. Affirmez, au contraire, qu'il a le droit de disposer, comme il l'entend, des biens créés par son activité ; dans ce cas vous posez en principe qu'il peut logiquement faire la loi aux nécessiteux qui viennent lui demander un emprunt ; c'est-à-dire que vous consacrez l'autorité du capital et maintenez la subordination du travail ; ou, pour mieux dire, le travail primitif accumulé constitue un droit d'aînesse sur le travail successif. Le premier travail, par la raison qu'il est le générateur du second, acquiert sur lui un pouvoir monarchique aussi naturel que l'autorité du père sur ses enfants.

A part le communisme légal, cette grande négation de l'individualité humaine, le monde matériel se trouve placé entre deux abus économiques : la rente, et le crédit gratuit. Il pourrait, s'il le voulait, rejeter l'un et accepter l'autre ; il possède la liberté de choisir ; mais il lui est absolument impossible de les éviter tous les deux à la fois ; fatalement, il faut qu'il subisse la domination de l'un ou de l'autre.

Eh bien ! dans une pareille alternative, moi, ouvrier, je n'hésite pas un seul instant à proclamer bien haut que la propriété est préférable du tout au tout au crédit gratuit. Je soutiens qu'il y a entre ces deux termes une différence aussi grande que celle qui distingue le jour d'avec la nuit. J'affirme que le propriétarisme est plus au-dessus du proudhonisme que l'esprit n'est au-dessus de la matière, ou la vie au-dessus de la mort.

Car, malgré ses excès, la propriété se modifie sous plus d'un rapport à l'égard du travail. Le riche, par son opulence et ses besoins factices, consacre sa fortune à des travaux d'art et d'industrie qui sont autant de bienfaits vivifiant les diverses branches de l'économie sociale.

Dans le régime proudhonien, au contraire, tout concourt à rendre radicalement le bien illusoire : le mal y est absolu. D'abord, en partageant les fortunes, le crédit gratuit ruine tous les centres de productivité, éteint les foyers civilisateurs, tarit les sources du travail ; en un mot, sous prétexte d'affranchir les salariés des priviléges capitalistes , il anéantit jusqu'aux derniers éléments de l'activité économique, éléments sans lesquels aucune société n'est possible. Et telle est la marche logique des réformes agrairiennes, elles ne se révèlent que par la négation et le néant.

En effet, chacun étant invité à manger légalement ou anarchiquement les épargnes d'autrui, personne ne voudrait être producteur, mais tout le monde rivaliserait de zèle pour être consommateur. La consommation devenant un droit commun, autorisant le pauvre à s'emparer de la fortune du riche, se développerait d'une manière prodigieuse ; tandis que la production, n'étant sollicitée en rien et n'ayant même plus aucune raison, réaliserait zéro de produits ; ce qui amènerait infailliblement, comme je l'ai dit plus haut, le règne de la misère universelle.

Si, maintenant, les proudhonistes prenaient des mesures de sûreté contre les emprunteurs, afin de garantir à la banque agrairienne ou au capitaliste la restitution de son capital ; alors, dans cet étrange système, il faudrait organiser une police de surveillance aussi nombreuse qu'il y aurait de crédités; et, comme le régime égalitaire tendrait à égaler le nombre des propriétaires au nombre des travailleurs, il en résulterait que la moitié de la société serait occupée à surveiller l'autre moitié. Ainsi, sous l'empire de cette absurde organisation nous aurions la servitude et le parasitisme de la communauté, avec l'impuissance et la pauvreté de la loi agraire.

Pour qualifier une aussi ridicule théorie, nous ne saurions mieux faire que de laisser la parole à M. Proudhon.

« Affirmer que le droit au crédit peut se réaliser avec le développement de la propriété et de la liberté, est un leurre de charlatan, une mystification de démagogues. » (*Peuple* de 1850, deuxième numéro.)

Ainsi, de son propre aveu, non-seulement l'inventeur de la Banque du peuple est le plus grand charlatan du socialisme, mais encore le plus fameux mystificateur de la démagogie; car, tout en ayant l'air de vouloir l'existence simultanée et de la propriété et du crédit gratuit, il déclare positivement dans le même article; « Que la gratuité du crédit ôte toute *réalité* au principe propriétaire. »

Ce qui distingue l'apôtre de l'anarchie des écrivains ordinaires, c'est le soin qu'il prend à s'insulter lui-même en voulant insulter les autres, et surtout l'habileté qu'il montre à révéler maladroitement ses contradictions ou son insigne mauvaise foi.

Maintenant, examinons la raison d'être de la propriété, et nous allons voir que son principe a deux racines également vraies, l'une correspondant à l'ordre politique et l'autre à l'ordre économique.

On lit dans les *Confessions d'un révolté*, page 4 : « L'absolutisme et la propriété furent dans le passé l'état légal et normal des sociétés. » — « La royauté fut absolue à son origine comme la puissance paternelle dont elle est l'incrément. » — Cette vérité est tellement évidente que personne, aujourd'hui, ne songe en bonne foi à en contester le principe.

La royauté, fondée sur la loi de paternité ou sur le droit de conquête, fut légitime, parce qu'elle fut nécessaire pour constituer l'unité sociale, sans laquelle aucune puissance humaine ne serait possible. On peut donc affirmer que sans la monarchie, jamais la civilisation n'eût pu prendre son essor; et l'homme, isolé, réduit à sa propre faiblesse individuelle, eût éternellement végété dans un misérable état de sauvagerie,

La propriété, corollaire indispensable de la royauté, suivit les mêmes développements et les mêmes évolutions que le principe monarchique. Chaque propriétaire devint, en quelque sorte, un monarque particulier, relié hiérarchiquement au monarque général. Le premier puisait sa force et sa grandeur dans ses priviléges politiques, tels que : tributs, impôts, etc. Les seconds tiraient leurs pouvoirs de leurs priviléges économiques, lesquels se présentent sous des formes diverses, telles que dîmes, intérêts, rente, loyers, fermage, etc. Et c'est par l'accord de ces puissances politiques et sociales que les sciences, les arts et l'industrie purent s'effectuer et préparer la voie du progrès où l'humanité marche pour arriver à sa fin sublime. L'absolutisme peut donc être regardé avec raison comme le père de la liberté, puisqu'il est en principe le ressort du progrès, le générateur des manifestations de l'intelligence humaine.

Cependant, si on l'examine dans ce qu'il a d'arbitraire, on trouvera qu'il a brisé le droit primitif de l'homme, droit naturel qui permettait à chaque individu de s'emparer d'une partie du sol et de ses produits bruts. Ainsi, la monarchie, en s'établissant et en étendant son empire, subordonna les peuples à sa loi et fit de la terre son patrimoine exclusif : tout dans le monde dut concourir à augmenter les biens du monarque et à satisfaire ses désirs. Mais, comme je viens de le dire, il suffit que le pouvoir royal fût nécessaire à la civilisation, pour que ses actes d'appropriation despotique soient justifiés. Plus tard, nous verrons comment les besoins d'un roi insatiable de jouissance forcèrent le génie à être inventif et fécond ; comment, par l'exigence de ses passions, mille créations utiles sortaient de l'intelligence et venaient enrichir la société.

Ainsi, à l'origine de la société, il y avait en présence l'un de l'autre deux principes antagonistes, lesquels étaient : l'égalité native des individus, et l'autorité civilisatrice de la monarchie.

Le premier portait en lui le cachet de la justice divine, mais son application logique chez un peuple naissant eût été aussi fatale pour ce peuple, que la liberté le serait à un enfant sortant du sein de sa mère.

Le deuxième empruntait un caractère d'arbitraire, mais par sa mission nécessaire et providentielle, il devenait l'initiateur du progrès, et travaillait de cette manière à l'accomplissement des destinées humaines.

Ainsi, ces deux principes étaient, au fond, également vrais, mais inégalement utiles.

La raison monarchique, nécessitée par la faiblesse originelle des peuples, nia l'égalité native sociale de ces peuples, et les droits de ceux-ci durent s'effacer devant l'autorité royale, pour laisser à cette autorité toute la plénitude de sa puissance et de son initiative.

D'après ce système rationnel, légitimant le despotisme des rois sur les hommes des premiers âges, on voit que les réformateurs, pour avoir le droit de renverser une société, changer sa base et sa forme, doivent démontrer, *à priori*, la supériorité de l'idéal de leur société nouvelle sur l'ancienne qu'ils se proposent de remplacer. Autrement, leur théorie n'a pas de raison : elle n'est qu'une utopie irréalisable. L'humanité devant être le but de toute société est au-dessus des principes qui la régissent, *comme la vie est plus que la nourriture*. Mais, c'est précisément parce que l'homme vaut mieux que les institutions par lesquelles il se gouverne, qu'il faut que ces institutions soient toujours constituées pour son bien. Dès l'instant qu'elles lui sont fatales, elles doivent disparaître. Si la monarchie, dérivée, d'une part, de l'autorité paternelle, et, de l'autre, du droit de conquête, n'avait eu rien de supérieur à l'état sauvage, jamais elle n'aurait pu prendre racine sur la terre. Par conséquent, si le socialisme n'est pas au-dessus de la monarchie et de la propriété, il est contraire à l'humanité, il n'est qu'une chimère déplorable, qui doit être chassée de l'esprit comme un préjugé empoisonneur. Or, quelle est la valeur de l'idée proudhonienne ? Écoutons son auteur, il va lui-même nous l'apprendre :

« Depuis environ quinze mois, tout le monde, en France, a été frappé du mouvement qui s'est accompli dans l'esprit des paysans. Le paysan, réactionnaire jusqu'au 10 décembre, est devenu révolutionnaire, depuis que la rue de Poitiers lui a appris, par ses petits livres, que le socialisme, *c'est le partage des biens*. Ce jour-là, le paysan devint l'espoir de la démocratie, la terreur de l'absolutisme. » — « Le paysan est le moins sociable des hommes. »

« Est-il clair qu'une des plus grandes œuvres de notre siècle sera *une révolution agraire?* »

Voilà dans toute sa crudité cet idéal de sauvagerie ! Les écrivains de la rue de Poitiers, en accusant le socialisme de tendre au partage des bien, furent considérés comme d'infâmes calomniateurs, dénaturant les théories novatrices, afin de mieux les flétrir. Et voilà que M. Proudhon vient affirmer aujourd'hui, « que les tendances des peuples marchent vers le *partage des biens*. Certes, après une déclaration aussi précise, les socialistes n'ont plus qu'à faire leurs excuses auprès de leurs adversaires, et convenir qu'ils ont dit la vérité. D'ailleurs, l'apôtre de l'anarchie, en affirmant « que la plus grande œuvre de notre siècle sera une révolution agraire, que c'est vers ce but que tendent tous les paysans *anti-sociables*, blâme avec énergie les réformateurs communistes et les conservateurs propriétaires, qui s'opposent à la réalisation de sa brutale doctrine. Ainsi, le témoignage de M. Proudhon vient donner une complète justification aux écrivains de la rue de Poitiers.

Quoi! monsieur l'agrairien, la monarchie a brisé le droit primitif de l'homme, parce que ce droit, quoique vrai au fond, était par son application logique la négation de la société, et, par conséquent, un crime de lèse-humanité, et voilà que vous venez prêcher la loi *agraire*, ce carnaval d'anthropophage ! Non-seulement vous niez la société actuelle, mais vous voulez encore nous refouler vers ces temps de sauvagerie que la réaction monarchique ne manquerait pas de détruire de nouveau en même temps qu'elle renforcerait les chaînes que les peuples trouvent déjà trop lourdes. Car enfin, il est évident qu'en rétablissant le principe qui nécessite le despotisme, vous rendez à ce dernier sa raison et sa force. Etes-vous donc révolutionnaire pour préparer le vestibule de la tyrannie? Voulez-vous décidément tout bouleverser, tout abîmer, uniquement dans le but de vous repaître de catastrophes sanglantes pour revenir, en définitive, au système actuel que vous combattez avec tant d'acharnement ? Cela est très-probable ; il y a même lieu de croire que vous n'avez pas d'autre intention. Qu'on en juge plutôt par les paroles suivantes que vous redites à plusieurs endroits des *Confessions d'un révolutionnaire*.

« L'autorité génère fatalement la liberté. » — « La liberté sans lest et sans boussole (comme qui dirait la liberté absolue que vous réclamez toujours) est celle de tous les crimes. » — « Pour avoir un peu de paix dans une société où la liberté a tout pulvérisé, il n'y a pas d'autre ressource que l'arbitraire. » Ainsi, vous vous plaisez à tourner dans le cercle éternel de l'anarchie et de la tyrannie. Le véritable ordre et la vraie liberté sont aussi antipathiques à votre nature que la lumière l'est aux chauves-souris et aux hiboux.

Revenons au droit de propriété.

Du moment que la propriété a été reconnue comme une nécessité sociale, et que, d'un autre côté, elle a pour base économique le droit exclusif qu'a tout individu aux fruits de son travail, n'est-il pas évident que le cultivateur, qui a acheté un champ avec ses économies, possède ce champ à juste titre?

Tout industriel ayant fait l'acquisition d'une usine ou d'une fabrique, soit avec les produits de son activité, soit avec l'héritage de ses pères, nierez-vous la vérité de son droit?

Enfin, tout commerçant qui a acquis des marchandises au moyen de ses épargnes ou par l'échange des biens que lui ont légués ses parents, lui contesterez-vous la légitimité de sa possession? Non, en bonne justice, vous ne le pouvez pas.

La terre, les produits industriels, les richesses commerciales sont donc autant de biens représentant en principe les fruits du travail. Tout ce qui peut être considéré comme capital a donc un maître légitime; par conséquent, il n'y a pas dans notre société un seul point où le droit au crédit gratuit puisse s'établir sans être la violation flagrante du droit de propriété.

Aussi M. Proudhon, ne pouvant se dissimuler cette vérité, a été forcé de convenir que si la rente pouvait dégénérer en abus, le principe qui lui donnait naissance n'en était pas moins vrai et inattaquable en lui-même. Il a même confessé, à plusieurs reprises, « que l'intérêt, le loyer, le fermage, etc., étaient justes, légitimes, inviolables et sacrés. » Cependant, par un revirement habituel à ses évolutions de désorganisateur sans conviction, il s'écrie : « La société me doit le crédit sans intérêt; l'intérêt, je l'appelle vol. »

« L'intérêt, dit-il, est légitime chez chaque capitaliste en particulier, parce que chacun d'eux ayant personnellement la responsabilité de sa fortune, se trouve dans l'obligation de percevoir un intérêt sur le loyer de son capital, afin de couvrir cette responsabilité; mais j'affirme que le crédit peut être centralisé démocratiquement et donné pour rien. »

Quelle stupide inconséquence! Mais où donc la société, cet être abstrait, ira-t-elle prendre ses capitaux pour vous créditer, quand les propriétaires sont les détenteurs exclusifs du sol et des richesses du pays? Croyez-vous donc, puisque vous reconnaissez la légitimité de leurs rentes, qu'elle pourra leur emprunter à 5 pour 100, et qu'elle sera à même de vous créditer gratuitement? Arrangez-vous comme vous voudrez, si la propriété est inviolable, la société, pas plus que les individus, n'a le droit d'y toucher. Mais si elle ne l'est pas, déclarez nettement que le travail n'a plus de raison, et que nous devons vivre à la manière des bêtes.

Je suppose maintenant que, par un impôt forcé sur les fortunes, la société centralise le crédit : vous imaginez-vous qu'elle devra diviser son capital en parcelles pour le prêter aux individus isolés pour qu'ils le consomment librement, comme vous l'avez déclaré ? Dans ce cas, cette société ne serait qu'un agent de spoliation, le commis-voleur des agrairiens ; dans le cas contraire, elle réaliserait le communisme.

Quoi! vous, l'apôtre de la prétendue liberté illimitée, vous, l'ennemi de tout pouvoir, vous demandez à l'Etat qu'il se fasse le centralisateur de la fortune des citoyens! Mais ne voyez-vous donc pas que vous en faites le maître de la liberté, et même de la vie de chacun ? Il faut pourtant que vous sortiez de ces brouillards où vous vous êtes enveloppé, et que vous disiez catégoriquement ce que vous voulez ; car enfin il est nécessaire que le peuple sache où veulent le conduire ceux qui se disent ses défenseurs, et qui ont la prétention d'être les flambeaux du progrès ; or, pour simplifier la question, voici le dilemme que je pose :

Ou l'Etat prendra aux riches pour donner aux pauvres, en laissant à chacun de ces derniers la liberté de s'arranger comme ils l'entendront avec la part égale de biens qu'on leur aura donnée, et alors vous détruisez tous les centres de productivité, en un mot, vous niez de fond en comble toute espèce de *société*, par la réalisation de la loi agraire et de l'anarchie.

Ou l'Etat sera le centralisateur de la fortune de tous les membres de la société, par conséquent l'arbitre responsable de chaque citoyen, et, dans ce cas, vous réalisez la communauté matérielle, qui est la négation de toute *individualité*.

Ou enfin, vous repoussez la loi agraire aussi bien que la communauté, et alors vous restez dans les termes de la propriété.

Ainsi, jamais vous n'échapperez à l'un de ces trois termes :

Ou la propriété,
Ou la loi agraire,
Ou la communauté.

Ah! je me rappelle ; vous avez dit que vous aviez trouvé le moyen de vous passer de l'Etat et des capitalistes ; moyen précieux, surnaturel, qui permettra aux ouvriers de se créditer réciproquement avec rien : désormais il suffira de poser des chiffres sur du papier pour devenir millionnaire. Convenez cependant que si votre découverte est vraie, que vous avez grand tort de demander le crédit gratuit à la société. Avouez que vos déclamations furibondes contre le capital n'ont plus de raison et sont insensées. A quoi bon tant de colère contre l'intérêt, l'usure, etc., puisque vous pouvez vous créditer vous-mêmes ? Que vous importe l'égoïsme des riches, que peut vous faire la rapacité des agioteurs ? Appliquez votre merveilleux spécifique à vos adeptes, et ne vous occupez pas plus des capitalistes et des propriétaires que s'ils n'avaient jamais existé. Car enfin, si la Banque du peuple doit suffire par elle-même à tous les besoins du travail, créez votre papier-monnaie, bâtissez des maisons avec, faites-en des tiges de bottes, employez-le à l'usage de votre cuisine, et ne troublez plus la société par vos accusations incessantes.

Qui vous empêche d'émettre, dès aujourd'hui, pour neuf cent quatre-vingt-dix-sept milliards six cent soixante-quinze mille francs [dix-huit sous et onze centimes de billets de circulation ? Ce n'est pas moi.

A l'œuvre donc ! voyant que les travailleurs boivent, mangent et digèrent du papier, et c'en est fait du capitalisme !

Adieu l'exploitation de l'homme par l'homme ! « En voilà une entreprise qui n'eut jamais d'égale et qu'aucune n'égalera jamais ! »

Cependant, monsieur Proudhon, malgré la puissance merveilleuse de votre banque, je doute fort que vous puissiez vous passer de propriétaires, et crois même que vous, le premier, vous n'avez pas du tout confiance à vos billets de circulation ; la preuve, c'est la menace suivante que vous adressez aux riches : « Ah ! vous ne voulez pas de la réciprocité ; osez donc, puisque vous êtes au mieux avec les puissances étrangères, renvoyer dans leurs foyers vos cinq cent mille baïonnettes. » (*Conf. d'un révolut.*, p. 54.) Qu'arriverait-il si ces cinq cent mille baïonnettes étaient dans leurs foyers ? Que le crédit, n'ayant plus rien à craindre, dévorerait la propriété en exécutant le fameux *traité que vous avez fait avec la misère.* Voilà comment vous savez vous passer du capital.

Direz-vous maintenant que le crédit gratuit, contrairement à ce que vous avez soutenu jusqu'à présent, ne s'applique qu'au sol et à ses produits bruts ? Dans ce cas je vous réponds que ce n'est plus un crédit, mais bien un droit primitif de propriété naturelle que chacun apporte en venant au monde. Toutefois, rappelez-vous, comme je l'ai établi plus haut, que le capital de la nature est hypothéqué par la propriété, fruit du travail ; par conséquent, l'ouvrier ne peut consciencieusement rentrer dans son droit naturel sans rembourser aux propriétaires la valeur à laquelle ils ont droit. Or, ce remboursement est matériellement impossible; je vais le démontrer dans l'étude suivante.

Un fait qui frappe tous les yeux, c'est qu'une fois que la matière pure a reçu une valeur par l'action du travail, cette valeur s'identifie avec la matière qui la contient et ne peut plus jamais s'en séparer, à moins que l'ouvrier auquel elle appartient ne veuille la laisser périr par le temps. Il résulte de là qu'il suffit à un homme d'avoir mis le premier sa bêche dans un champ afin de lui donner une valeur agricole, pour que désormais ce champ lui appartienne d'une manière irrévocable. En effet, comment reprendre légitimement la terre au premier occupant ? C'est en lui remboursant le prix qu'il lui a identifié. Mais celui qui effectuera ce remboursement deviendra à son tour le légitime possesseur de cette terre. Ainsi, que le sol change de mains tant qu'on voudra, il appartiendra toujours au dernier acquéreur qui aura payé le prix du travail agricole qui s'y trouve imprimé. De sorte que la propriété, fruit du travail, par son identification à la matière pure, détruit complétement le droit naturel primitif de l'homme ; ou pour mieux dire, le droit de premier occupant absorbe, annihile le droit de deuxième occupant. Voici comment :

Une fois que le sol est assimilé à la valeur du travail, il devient partie intégrante de la propriété acquise et en subit toutes les modifications, soit comme capital transmissible, soit comme marchandise échangeable. Par exemple : un champ augmente, non en raison du prix intrinsèque du travail qu'il a coûté pour être mis en rapport, mais selon le prix marchand, ou selon le revenu qu'il peut procurer à son propriétaire. Le vendeur d'une terre ne dit pas à l'acheteur : Il m'a fallu tant de peine pour donner à ma terre les qualités qu'elle possède, mais il dit : J'estime qu'elle peut rapporter tant pour 100 par an.

Il est clair maintenant que la propriété terrienne, si étendue qu'elle soit comme possession individuelle, du moment qu'elle est acquise comme toute autre marchandise, par voie d'héritage ou d'échange, est tout aussi légitime entre les mains d'un acheteur ou d'un héritier, que la cabane que le paysan tient de ses pères ou du produit de son travail. Du petit au grand, du pauvre au riche, le droit de possession n'est pas moins vrai d'un côté que de l'autre.

Les proudhonistes prétendent que la terre doit appartenir au laboureur qui la cultive, et non au propriétaire qui n'y a jamais fait un pouce d'ouvrage. C'est absolument comme s'ils disaient qu'un héritier n'a pas le droit de jouir des biens que ses parents lui ont légués, parce qu'il ne les aurait pas produits. Voici un individu qui hérite de son père 2,000 francs de billets d'échange, viendrez-vous lui dire que ces 2,000 francs ne lui appartiennent pas ? Mais cela est impossible. Voici un autre individu auquel son père laisse en mourant une terre de la même valeur. S'il arrivait que cet individu ne pût occuper personnellement l'étendue de terrain qu'il vient d'hériter, lui contesteriez-vous la légitimité de son héritage ? Si vous la contestiez, alors il vous faudrait faire une loi par laquelle vous déclareriez formellement qu'il n'y aurait que les fils d'industriels, de commerçants et de financiers qui auront le droit d'héritage, et que ce droit serait rigoureusement interdit aux fils de laboureurs. Ainsi, ou vous conserverez l'héritage qui a pour base naturelle le droit de concession, d'échange et de transmission, et alors la terre peut s'accumuler entre des mains individuelles comme toute autre propriété, ou vous détruirez l'héritage, et, dans ce cas, il vous faudra supprimer le commerce et établir la communauté. Sachez-le bien, l'accumulation des capitaux industriels et financiers implique l'accumulation du sol, précisément parce que l'industrie et la finance subordonnent l'agriculture.

Tant que le capitaliste pourra centraliser dans ses mains les instruments de la culture, le pauvre cultivateur, ne pouvant rien faire sans lui, ne sera toujours que son fermier.

Poursuivons. L'échange, étant une fois établi, permit logiquement aux premiers occupants du sol d'absorber, d'aliéner le droit primitif des hommes qui vinrent travailler après eux. Malgré ce principe incontestable, si vous pensiez encore qu'il suffit au deuxième occupant de se servir d'un champ pour qu'il en soit le légitime possesseur, qu'il suffit enfin de lui louer une propriété quelconque pour qu'il en devienne le propriétaire légal ; dans ce cas, déclarez nettement que l'individu qui a donné une valeur primitive à la terre, s'il cesse de pouvoir travailler, doit renoncer au fruit de son travail au profit de celui qui viendra occuper cette terre après lui. Cela posé, concluez que la seule occupation d'un objet confère indistinctement le droit de propriété à l'emprunteur. De cette manière nous saurons que crédit gratuit ou don absolu ont absolument la même signification dans votre langage. Par conséquent, que les agrairiens se fassent créditer ou qu'ils volent, ces deux faits seront exactement pareils et d'une parfaite identité.

Cependant, vous reconnaissez explicitement que location et appropriation sont deux termes essentiellement distincts, car vous affirmez que le loyer d'une maison devra rembourser le fonds de cette maison. S'il en est ainsi, n'est-ce donc pas poser en principe que pour s'approprier une chose il faut en payer la valeur ? Que vous appeliez prix de loyer ou solde d'acquisition la somme versée en à-compte sur une propriété que vous voulez acheter, vous serez toujours obligé d'en payer l'estimation, faute de quoi elle ne vous appartiendrait pas.

Or, ne voyez-vous pas que cette manière d'envisager les locataires et les propriétaires, ou, en d'autres termes, les prêteurs et les emprunteurs, est tout bonnement une grosse balourdise qui anéantit complétement le droit au crédit ?

En effet, si le prix du loyer peut être regardé comme une hypothèque, une action remboursable au porteur, l'idée de loyer et de loueur disparaît, et les dénominations de *locataire* et *propriétaire* se transforment dans les termes d'acheteur et de vendeur. Ainsi, la location se change en une vente à tempérament, ou plutôt en un commerce en détail, et Dieu sait si ces sortes de ventes seraient les moins avantageuses pour les marchands-propriétaires. Ce n'est pas tout ; vous voulez organiser le prêt gratuit, qui signifie location pour rien, et voilà que vous mercantilisez toutes les valeurs, depuis une once de moutarde jusqu'au palais du Louvre ! C'est-à-dire que vous ne voulez plus qu'il y ait de prêt, mais seulement des ventes et des achats. Toutes les affaires se feront au comptant, dit M. Proudhon. D'après ce système, celui qui n'aurait pas sa bourse ou son portefeuille bien garni serait exposé à mourir de faim, faute de pouvoir trouver à crédit.

Vous qui voulez que tout dans l'économie sociale devienne un commerce universel, mais vous ignorez donc que les commerçants tiennent la première place dans l'ordre économique ? Ne savez-vous pas que les marchands sont les princes de la terre, et que leur empire s'étend sur tous les produits du monde ? Il est curieux de voir des hommes qui se déchaînent tous les jours contre le parasitisme qui pèse sur le travail, et qui viennent en même temps poser des principes pour lui donner une plus grande force ! Voyez maintenant la conséquence de votre théorie ? D'abord, vous proclamez la liberté absolue en toute chose ; or, je vous le demande, celui qui fera un commerce de terres ou de maisons, ne sera-t-il pas parfaitement libre de vendre sa marchandise en gros ou en détail, à terme ou au comptant ; de l'estimer le prix qu'il voudra ou de la garder ? Évidemment oui. Les propriétaires auraient donc, comme aujourd'hui, le pouvoir de vendre ou de louer leur propriété. Alors les individus qui n'auraient pas le moyen d'acheter seraient très-heureux qu'on leur louât ce dont ils auraient besoin. Vous le voyez, le commerce implique, en principe, appropriation d'un côté, et location de l'autre. On peut donc affirmer que tant que le commerce sera nécessaire ici-bas, il y aura fatalement des propriétaires et des locataires, des rentiers et des renteurs.

Poursuivons.

Vous dites que les 50 fr. de loyer d'une maison de 1,000 fr. doivent, en bonne justice, rembourser un vingtième de cette maison, au profit du locataire. Pourquoi, alors, ne dites-vous pas au marchand de comestibles et au chef d'industrie qu'ils cessent de faire des bénéfices, l'un sur sa marchandise, l'autre sur ses ouvriers ?

Vous aurez beau objecter que le marchand fournit un produit appropriable au consommateur, tandis que le propriétaire, après avoir reçu dix fois, vingt fois le prix de sa maison, la garde encore pour lui, quoique le locataire qui l'a payée n'ait pas même le droit d'en emporter une seule pierre. — Je vous réponds : que le propriétaire ne demande pas mieux, en fournissant l'usage de sa maison, de la céder pour un prix convenable ; mais comme il ne trouve pas tous les jours des acheteurs, il faut pourtant qu'il en tire un parti quelconque. Au surplus, le commerçant reçoit aussi dix fois, vingt fois la valeur de son capital, sous forme de bénéfice, et garde tout pour lui, quoique le consommateur, qui a renouvelé et augmenté ce capital, ne puisse y prétendre à la moindre parcelle.

Sachez-le bien, toute propriété, quelle qu'elle soit, par cela seul qu'elle est une valeur échangeable, est soumise aux chances du commerce, aux éventualités du temps, aux incertitudes de l'en-

treprise, ce qui, dans les transactions sociales, nécessite fatalement
un bénéfice destiné à parer à ces accidents du mouvement économique, et à couvrir la responsabilité des propriétaires, commerçants et industriels. Or, le commerce, fondé sur les échanges
humains, est le principe primitif de la centralisation des fortunes,
c'est la source nécessaire du loyer, de la rente et de l'intérêt, etc., etc.

Ainsi, d'après ce qu'on vient de voir, il est facile de reconnaître
que le principe de la propriété réside dans le droit exclusif qu'a
chaque individu aux fruits de son travail, et que la rente a deux
racines inévitables, l'une correspondant à l'ordre politique et se
présentant sous la forme de tributs ou d'impôts, etc., etc.; l'autre
correspondant à l'ordre économique et ayant son point de départ,
comme je viens de le dire, dans le bénéfice commercial et industriel. En dehors du communisme légal, cette servitude universelle,
sans les impôts, point d'autorité politique; sans la rente, point
d'autorité sociale; point d'autorité politique et sociale, point de
puissance, et, par conséquent, point de société possible. Voulez-
vous ôter toute réalité à la rente, soyez logique, ne parlez plus de
crédit réciproque, de mutuel échange; décrétez carrément la loi
agraire absolue; anéantissez toute relation humaine; que chacun
vive dans un isolement complet comme s'il était seul sur terre; ou
proclamez la communauté des biens, l'identité des intérêts, alors
vous n'aurez plus à subir la domination des capitalistes et des propriétaires. Mais, dans le premier cas, il n'est pas douteux qu'on
verrait bientôt s'organiser des bandes de voleurs nomades qui ne
vivraient que de pillage et de rapines; certes, cette espèce de
rentier n'est pas la moins dangereuse, et pourrait bien nous faire
regretter amèrement les rentiers d'aujourd'hui. Dans le deuxième
cas, il ne tarderait pas à surgir du sein de la société une multitude de frelons parasites, exploiteurs du premier ordre, qui se dé-
voreraient réciproquement les uns les autres, et qui ne manque-
raient pas, par leur concours négatif de l'intelligence, d'éteindre
toute espèce de progrès et de devenir une cause de ruine universelle.

A vous, monsieur Proudhon, puisque vous répudiez la société
actuelle et que vous êtes l'ennemi de toute amélioration sociale
par le progrès religieux, de vous prononcer catégoriquement
ou pour le mode d'exploitation agrairien, ou pour le mode d'exploitation communiste; dites-nous, sans hésiter, auquel de ces
deux fléaux sociaux vous donnez la préférence. Car, depuis que
vous vous êtes donné la mission de troubler l'esprit du peuple,

vous flottez entre la loi agraire et la communauté, sans qu'on puisse jamais savoir si la première de ces utopies vous convient mieux que la deuxième.

Mais, afin que le public sache parfaitement à quoi s'en tenir sur la valeur du proudhonisme et du communisme matérialiste, nous allons, en deux mots, peindre nettement leur caractère.

Premièrement, toute doctrine qui réclame l'intervention absolue de l'Etat pour réaliser le bien qu'elle promet, est, par cela même, un mensonge. Attendu que le besoin de cette intervention implique que les hommes sont impuissants moralement à se rendre heureux par leur propre liberté, ce qui suppose qu'ils ne veulent ni ne peuvent faire le bien par eux-mêmes, et, par conséquent, sont indignes ou incapables de le posséder. Car, du moment qu'il faut les gouverner comme des animaux domestiques pour leur donner ce dont ils ont besoin, on nie leur caractère moral, on les abaisse au niveau de l'âne et du bœuf ; enfin, on démontre qu'ils ne sont pas des hommes et qu'ils n'ont pas le droit de prétendre à la félicité qui ne doit appartenir qu'à l'homme vraiment libre. Un tel système doit donc être rejeté comme étant utopique, immoral et contraire à toutes les nobles aspirations de l'humanité.

Deuxièmement, toute doctrine négative de la propriété, qui réclame l'initiative absolue des individus dans la réalisation de ses principes, alors que la religion ne domine pas souverainement les consciences, est une infamie. Car l'homme, sous l'empire d'un pareil régime, se trouverait abandonné, sans frein, à tous ses appétits brutaux, et, ne connaissant plus ni règle ni devoir, il commettrait avec fureur tous les excès de la bestialité.

Ainsi, dans le premier système, la société ressemblerait à une étable d'animaux domestiques, où chacun recevrait de son maître sa portion de nourriture ; l'homme n'aurait plus rien à envier aux pourceaux.

Dans le deuxième, le monde serait une arène de bêtes fauves se disputant leur proie et s'égorgeant réciproquement.

**Qu'est-ce que l'Etat ? — Sa raison d'être. — Qu'est-ce que Dieu ? —**
**La preuve de son existence.**

Nous avons vu que M. Proudhon demande à l'État l'application du droit au crédit ; et qu'il voudrait qu'on fît de ce droit une institution économique, laquelle, suivant lui, est devenue la nécessité du siècle. Puis, par une bizarrerie étrange, inconcevable, inouïe, il nie toute espèce d'autorité, il travaille de toutes ses forces à l'abolition de tous les pouvoirs, quels qu'ils soient. Comme si un droit, une institution, pouvait s'appliquer ou avoir une réalité sans une autorité qui la consacre.

En toute discussion, l'apôtre de l'anarchie, fidèle à son rôle de controversiste, nie et affirme, soutient et combat un principe tout à la fois, sans s'inquiéter si ses inconséquences ne tournent pas plutôt contre lui que contre ses adversaires. Il va vous dire avec beaucoup d'aplomb qu'il ne veut plus d'autorité, et sur le moment même il ne sera pas honteux d'affirmer qu'il la croit nécessaire ; et enfin, à peine paraîtra-t-il avoir adopté cette dernière opinion, qu'il essayera de vous prouver que le gouvernement est une entité chimérique, et vite il conclura à sa négation.

N'allez pas croire que quand il réclame l'abolition des pouvoirs, qu'il en exclue certaine forme au profit de certaine autre ! Pas du tout ; sa négation est complète, absolue : ni constitution, ni lois, ni pouvoir législatif, ni pouvoir exécutif, ni État-maître, ni État serviteur ; liberté illimitée, liberté absolue : voilà sa pensée tout entière. « Une société organisée, dit-il, n'a pas plus besoin de lois que de législateurs. Les lois sont dans la société comme des toiles d'araignée dans la ruche, elles ne servent qu'à prendre des abeilles. (*Voix du peuple*, du 29 décembre 1849.)

Qui donc pourra jamais comprendre une société *organisée* sans lois ? Est-ce que organisation, constitution, *lois*, ne sont pas absolument la même chose ? N'est-ce pas se moquer du bon sens et de la logique, n'est-ce pas prendre le public pour un niais, que de lui tenir un pareil langage ? Mais, chose incroyable, après avoir ainsi formulé sa négation gouvernementale, l'anarchiste parle de gouvernement-proviseur, d'État-valet, de jury-législateur, de budget, tribunaux, baïonnettes ! Il va même s'extasier d'admiration devant un pouvoir *an-archique* exécutant les lois, poursuivant les rebelles au contrat social, *soumettant les partis et réduisant les sectes à l'impuissance !* » Tâchez maintenant de distinguer ce que signifient les mots *autorité* et *liberté* dans le vocabulaire du proudhonisme. Cependant, malgré l'anarchie et la confusion de ses idées, M. Proudhon raisonne parfois comme un philosophe ; mais ses moments de lucidité n'apparaissent que pour le condamner.

On lit dans les *Confessions d'un révolutionnaire*, page 46 :

« Les forces antinomiques de la société, inhérentes à tout dé-

ploiement de l'activité collective comme à toute raison individuelle, doivent être tenues dans un constant équilibre et l'antagonisme perpétuellement reproduit par l'opposition fondamentale de
la *société* et de l'*individualité*, perpétuellement ramenées à leur
synthèse. »

Vous le voyez, ici l'auteur de la Banque du peuple fait voir deux
êtres en opposition fondamentale ; il montre la société et l'individualité dans une lutte constante, et il demande que *cet antagonisme
soit perpétuellement reproduit.* Or, toute lutte impliquant finalement
un vainqueur et un vaincu, suppose donc un maître commandant
et un serviteur obéissant. L'idée d'antagonisme ne se conçoit pas
entre les éléments sociaux sans prédominance d'un côté et sans
subalternisation de l'autre. Deux êtres également puissants et
qui seraient destinés à rester éternellement dans la même situation
respective vis-à-vis l'un de l'autre, ne songeraient jamais à lutter
avec l'intention de se dominer réciproquement, sachant combien
leurs hostilités seraient superflues. Ainsi, je le répète, l'antagonisme
implique l'existence d'un dominateur et d'un dominé. Eh bien !
encore que M. Proudhon veuille la perpétuité de la lutte entre la
société et l'individualité, cependant il persiste dans sa négation
d'un supérieur politique et social, il repousse toute espèce d'autorité. Définissons d'abord le principe de la société, et nous en verrons surgir fatalement la nécessité de l'Etat.

La notion d'une société présente une réunion d'hommes agissant collectivement, et chacun différemment. Mais cette diversité
d'action ne pourrait être simultanée et régulière si elle n'était
soumise au contrôle d'un pouvoir intermédiaire, régulateur. Car
tous les mouvements divers, sociaux, par la raison qu'ils ont un
caractère antagoniste, sont dans une opposition constante, et tendent à se briser ou à s'annihiler, soit par leur choc hétérogène,
soit par leurs divergences négatives. Le pouvoir régulateur, pour
empêcher ce double mal, sert à la fois et comme agent d'opposition,
s'interposant entre les manifestations contraires qui pourraient
donner lieu à un conflit, et comme lien d'unité, ramenant à leur
point de centre les éléments qui voudraient se désunir. Les proudhonistes, ignorant la raison du pouvoir, prétendent qu'il est
superflu et même nuisible, et que la société doit se gouverner par
sa seule spontanéité. Bien sûr, ils ne comprennent pas que la spontanéité est, dans l'homme comme dans l'animal, la vie irréfléchie
de l'instinct. Or, comment, en excluant la puissance régulatrice de

là vie collective, les divers instincts, aveugles et fatals, pourront-ils se manifester sans donner lieu aussitôt à une horrible confusion ?

Pour que la spontanéité sociale n'eût pas besoin d'être réglée par une force intermédiaire, il faudrait qu'elle fût homogène et purement active, résultant, non de l'instinct animal, mais de l'instinct de la raison. Mais l'humanité est loin de posséder une raison instinctive, une telle perfection n'appartient qu'à Dieu seul.

L'homme n'a qu'une raison réfléchie et progressive dans ses connaissances; il n'avance dans le temps et l'espace que successivement. Tandis que Dieu, par la spontanéité de sa raison, contemple l'éternité et l'immensité simultanément. Et cette contemplation est immense, éternelle comme son sujet. C'est par elle que l'Etre absolu mesure et coordonne les mondes qui roulent dans l'infini. Sans cette spontanéité d'intelligence divine, qui précède tous les mouvements de la nature matérielle, l'univers, manquant de régulateur suprême, tomberait dans un affreux chaos.

De même, sans un gouvernement qui domine simultanément la société, elle se précipiterait dans une épouvantable anarchie. J'ai dit que tout ce qui était spontané dans l'homme était le résultat d'un sentiment aveugle : s'il en est ainsi, il est certain que la spontanéité d'un peuple n'émane pas de sa volonté réfléchie, mais bien d'une puissance externe à lui-même. La spontanéité sociale a deux causes essentielles : l'une efficiente, l'autre occasionnelle.

Premièrement, quand une nation est comprimée par l'esprit d'inertie, que ses institutions ne se développent pas selon la loi normale du mouvement, il y a une heure marquée par la Providence où les crises révolutionnaires s'emparent spontanément de cette nation, pour lui faire regagner en vitesse précipitée les étapes du progrès qu'elle avait perdues dans son de temps sommeil.

Deuxièmement, quand un peuple est travaillé par des idées subversives d'agitateurs ambitieux, et qu'il en subit toute l'influence pernicieuse, il peut d'un moment à l'autre se laisser emporter par le torrent d'une spontanéité anarchique, perturbatrice de toute loi et de tout principe. De même, tout ce qui est spontané dans l'individu est l'effet d'un mobile passionnel ou d'un sentiment fatal, déterminé par des motifs extérieurs, bons ou mauvais. Excepté ces deux causes de spontanéité sociale et individuelle, il ne se produit rien dans le monde qui ne soit le résultat de la réflexion. Or, la vie de réflexion ne peut avoir lieu que par l'ordre;

supprimez l'ordre, et vous n'avez plus dans la cité que les faits d'une spontanéité brutale, aveugle, destructive de toute société.

Mais l'ordre implique unité d'action, tandis que le milieu qu'il coordonne suppose, au contraire, diversité d'action. Mais qui dit unité et diversité d'action, exprime une idée d'être général et d'être particulier. Cet être général, c'est la société; cet être particulier, c'est l'individu. Mais la société est un être de pure abstraction, incapable par elle-même de réfléchir, de vouloir et d'agir. Il lui faut donc un organe qui la représente et exprime ses besoins, sa force et sa loi. Cet organe s'appelle l'État. Supprimez l'État, puis adressez-vous à l'ensemble des hommes pour réclamer leur appui, vous ne rencontrerez que des individus qui vous diront, chacun de son côté : « Je ne suis pas la société; je ne puis donner satisfaction à vos vœux ni garantir vos droits ; je suis également impuissant à vous protéger dans vos intérêts, vos affections et vos croyances ; en un mot, je suis comme vous, réduit à ma propre faiblesse. » La société alors vous apparaîtra dans toute sa réalité fictive, vous la verrez manquant d'oreilles pour entendre, d'yeux pour voir, de pieds pour marcher, de mains pour exécuter. Ce sera une âme latente, dépourvue d'organes et de sens qui lui permettent de se manifester et de se rendre palpable au toucher des individus.

Rétablissez l'État : celui-ci, comblant le vide qui sépare chaque individualité, devient le lien des pensées personnelles qui, par leur homogénéité de nature, concourent à former l'essence de l'être général. Ou, à défaut de concours intelligent de la part des membres de la société, l'État, agissant par sa propre initiative, révèle la pensée universelle en la résumant en lui. Ainsi, quel que soit l'initiateur de la pensée sociale, qu'il parte du centre ou de la circonférence, ou, en d'autres termes, qu'il soit monarchique ou démocratique, cette pensée n'éprouve pas moins le besoin de se revêtir d'organes représentatifs pour prendre un caractère d'unité et de vie manifeste. En un mot, du moment que la pensée sociale veut se produire, elle opère son incarnation dans une autorité réelle, elle se fait chair et os, afin d'apparaître sous une forme sensible et puissante pour l'utilité de tous.

Sans doute l'État peut dissimuler la pensée et la volonté des membres du corps social, comme l'individu peut cacher ce qu'il a au fond de son âme ; mais enfin, il n'en est pas moins destiné à être l'expression nécessaire de la société.

L'État, d'après son caractère d'unité générale, est, comme nous venons de le voir, le foyer central, la pensée homogène, le canevas universel sur lequel se développent simultanément les sentiments divers, les pensées hétérogènes, les mouvements contraires. Chaque individu, en obéissant à des aptitudes spéciales, en remplissant une fonction particulière, en travaillant à son intérêt propre, se trouve naturellement en opposition directe avec ses semblables. Mais l'État, comme agent central et intermédiaire, est là, qui surveille l'orbe de gravitation des individualités hostiles, afin de s'opposer à l'anarchie qu'elles produiraient inévitablement entre elles si elles ne rencontraient aucun frein maîtrisant leurs tendances désordonnées. Ainsi, l'autorité et la puissance souveraine s'opposent constamment à la liberté individuelle, précisément pour que chaque individu soit respecté dans sa personne, son droit et sa liberté. On le voit, l'antagonisme de l'individualité et de la société a pour principe l'unité même de ces deux termes contraires. Il est vrai que l'État, en se portant garant des droits individuels, a, dans certaines limites, le pouvoir de sacrifier ses droits à son profit ; cependant, quelles que soient les conséquences finales de la lutte entre l'autorité et la liberté, il est évident que la notion de la société est inséparable de celle de l'Etat : ce sont deux termes corrélatifs indivisibles ; nier l'un, c'est nier l'autre, et *vice versa*. Mais si l'autorité est le corollaire indispensable de la société, la liberté, à son tour, est le cachet essentiel de l'individualité. Sans la liberté, l'individu n'est qu'une machine qui ne s'appartient pas. L'esclave n'est pas un homme, c'est un outil au service de celui qui l'emploie. Or, comment concevoir la liberté si elle n'est appuyée sur un droit ? Et comment un droit pourrat-il exister sans un pouvoir qui le consacre et le protége ? Et où le pouvoir puiserait-il sa force, si les individus lui refusaient leur concours et leur appui ? Il résulte de ce système, que l'autorité qui semble nier la liberté l'affirme, et réciproquement. Ainsi, société, autorité, individualité, liberté, sont termes négatifs et positifs les uns des autres. Ils s'excluent par leur antagonisme et s'unissent par leur corrélativité ; de sorte que, quand ils paraissent vouloir se donner réciproquement la mort, ils se prêtent mutuellement la vie.

Or, quand M. Proudhon, après avoir constaté l'opposition et l'accord qui se rencontrent entre la société et l'individualité, s'écrie :

> *Ou plus d'autorité,*
> *Ou plus de liberté,*

n'est-ce pas comme s'il disait :

> *Ou plus de société,*
> *Ou plus d'individualité ?*

Ce qui signifie, d'une manière comme de l'autre : plus d'humanité.

Cependant l'autorité et la liberté peuvent être également absolues. La première a son règne à l'origine des sociétés, alors que l'homme est plus matériel que moral ; la deuxième aura sa réalisation à l'accomplissement des destinées humaines, alors que l'homme sera plus moral que matériel.

Maintenant, nous allons citer des textes sur Dieu et l'Etat, et nous verrons jusqu'à quel degré d'aberration un esprit peut tomber, quand il n'a d'autre guide dans ses raisonnements que les caprices de son imagination ou l'arbitraire de ses passions.

On lit dans *le Peuple* du 5 novembre 1849 : « La philosophie est aussi incapable de démontrer le gouvernement que de démontrer Dieu. L'autorité, comme la Divinité, n'est point matière de savoir ; c'est, je le répète, matière de foi. »

— « La définition de la Divinité échappe à l'intelligence. » — « Mais il est évident que l'athéisme est encore moins logique que la foi. »

— « L'humanité semblait donc placée entre une question insoluble et une négation impossible, lorsque sur la fin du dernier siècle, Kant, philosophe aussi remarquable par sa profonde piété que par l'incomparable puissance de sa raison, s'avisa d'attaquer le problème théologique d'une façon toute nouvelle.

« Il ne se demanda plus, comme tout le monde avait fait avant lui : Qu'est-ce que Dieu, et quelle est la vraie religion ? D'une question de fait, il en fit une question de forme, et il se dit : D'où vient que je crois en Dieu ? Comment, en vertu de quoi se produit dans mon esprit cette idée ? Quel en est le point de départ et le développement ? Quelles sont ses transformations et, au besoin, sa décroissance ? Comment, enfin, est-ce que dans l'âme religieuse, les choses se passent ?

« Tel fut le plan d'étude que se proposa, sur Dieu et la religion, le philosophe de Kœnisberg. Renonçant à poursuivre davantage le contenu de la réalité de l'idée de Dieu, il se mit à faire, si j'ose ainsi parler, la biographie de cette idée. Au lieu de prendre comme un anachorète, pour objet de ses méditations, Dieu en soi, il analysa la foi en Dieu, telle que la lui offrait une période de six mille ans.

En un mot, il considéra la religion, non plus comme une révélation externe, surnaturelle de l'Être infini, mais comme un phénomène de notre entendement. Dès cet instant, le charme fut rompu : le mystère de la religion fut révélé à la philosophie. Ce que nous voyons en Dieu, comme parlait Malebranche, ce n'est pas cette entité chimérique *que notre imagination agrandit sans cesse, et qui par cela même, d'après la notion que l'esprit s'en fait, ne peut, dans la réalité, n'être rien.* C'est notre propre idéal que nous poursuivons, c'est l'humanité.

« Après la croyance en Dieu, celle qui occupe le plus de place dans la pensée générale, est la croyance au gouvernement.

« Eh bien, sur l'autorité comme sur la religion, la controverse dure depuis l'origine avec aussi peu de succès.

« N'en serait-il pas du gouvernement comme de Dieu et de l'absolu, *qui, sans réalisation possible, n'expriment qu'un indéfini et n'ont d'essence que l'arbitraire ?*

« Ce que l'humanité cherche dans la religion et ce qu'elle appelle Dieu, c'est elle-même ; ce que le citoyen cherche dans le gouvernement et qu'il nomme roi, empereur, président, c'est lui-même.

« Hors de l'humanité, point de Dieu ; le concept théologique n'a point de sens. Hors de la liberté, point de gouvernement ; le concept politique est sans valeur.

« En un mot, au lieu de voir dans le gouvernement, avec les absolutistes, l'organe et l'expression de la société ; avec les doctrinaires, un instrument d'ordre et de police ; avec les radicaux, un moyen de révolution, essayons d'y voir tout simplement un phénomène de la vie collective, *la représentation externe de notre droit,* l'éducation de quelques-unes de nos facultés. »

Quel dévergondage de la pensée! quelle aberration de la raison ! ou pour mieux dire, quelle extravagance de la déraison !

Que l'on juge maintenant de l'énormité des inconséquences de M. Proudhon.

Dieu, selon lui, n'est qu'un phénomène de notre entendement, qu'un indéfini, qui n'a d'essence que l'arbitraire ; et cependant il reconnaît que la Divinité ne *peut être une entité chimérique d'après la notion même que l'esprit s'en fait.* Il déclare que l'humanité c'est Dieu, puis il affirme que Dieu n'a point de réalité, ce qui revient à dire que l'humanité n'est rien non plus. Dans ses *Confessions d'un révolutionnaire*, M. Proudhon répète à plusieurs reprises que l'Etat génère fatalement la liberté, qu'il en est le père, le principe et la vie ; et ici il affirme que l'autorité est un concept sans valeur, une impossibilité. La liberté, c'est tout. L'athéisme, dit-il, est moins logique que la foi, c'est-à-dire que Dieu est plus vrai que l'humanité, par conséquent que le gouvernement, image de Dieu, est plus rationnel que la liberté absolue ; et cependant il conclut et à l'athéisme et à l'anarchie.

Il ne veut pas, avec les absolutistes, que l'Etat soit l'organe et l'expression de la société, puis il affirme en même temps qu'il est un phénomène de la vie collective, la représentation *externe* de notre droit ; comme si l'autorité, produit phénoménal de la collectivité humaine, destinée à représenter, à protéger nos droits, n'était pas nécessairement l'organe expressif de la société, le dépositaire de la souveraineté sociale ; car enfin, que le chef de famille soit élu au gouvernement par la nature en sa qualité de père, ou par le suffrage des citoyens en considération de sa supériorité morale, en est-il moins le chef de cette famille ? et celle-ci en est-elle moins gouvernée d'une manière que de l'autre ? Non. Si M. Proudhon s'avisait de contester cette vérité, je me bornerais à lui opposer ces paroles qu'il connaît très-bien : « *Le gouvernement démocratique n'est qu'une monarchie retournée.* »

Poursuivons.

Les doctrinaires ont tort de prendre le pouvoir pour un instrument de *police ;* mais, dans les *Confessions d'un révolutionnaire,* page 68, M. Proudhon déclare « que l'Etat sera, comme simple *police,* chargé d'exécuter les lois et d'en poursuivre les infractions. »

Les radicaux se trompent en voulant faire servir le pouvoir comme un moyen de révolution : mais, dans les *Confessions d'un convulsionnaire,* page 61, il trouve que le pouvoir « est seul capable de donner l'impulsion à une idée », c'est-à-dire seul propre à accomplir une révolution.

Le gouvernement est un parasite inutile ; et cependant ici l'auteur de la Banque agrairienne affirme qu'il doit faire l'éducation de quelques-unes de nos facultés *politiques sans doute,* éducation sans laquelle la notion du droit et du devoir disparaissant, toute société serait impossible.

Dieu n'est pas une révélation *externe* de l'Être infini, mais seulement une fiction de notre entendement; et cependant l'Etat, image de Dieu, est la représentation *externe* de la société, le principe extérieur de la liberté. Ainsi, le pouvoir est le père de la liberté; mais Dieu, l'original du pouvoir, n'est pas le père de l'humanité.

Dieu et l'Etat sont dans une parfaite similitude de rapport et de ressemblance, et cependant l'apôtre de la contradiction accorde une foule d'attributs à celui-ci, qu'il refuse complétement à celui-là; puis il finit par conclure que l'autorité et la Divinité « sont également deux indéfinis qui, sans réalisation possible, n'ont d'essence que l'arbitraire. »

Dans la *Voix du Peuple* du 7 mai 1849, M. Proudhon affirme que l'homme est le *reflet* de Dieu, et ici il soutient que Dieu n'est qu'une fiction, dont l'homme est la réalité.

Dans le même numéro, il déclare « que la connaissance de Dieu est progressive comme les sociétés, et nous venons de voir qu'il prétend « *que Dieu n'est point matière de savoir, que sa définition échappe à notre intelligence.* »

*Hors de l'humanité point de Dieu.* Cependant si la foi en Dieu ou la dépendance religieuse est plus logique que l'athéisme, n'est-il pas plus rationnel de dire : *Hors de Dieu point d'humanité?*

*Hors de la liberté point de gouvernement.* Cependant si la foi à l'Etat ou la dépendance politique est plus logique que la liberté absolue, n'est-il pas plus vrai et plus sensé de dire : *Hors du gouvernement pas de liberté?*

Que penser d'un homme qui soutient que nous ne sommes que le reflet de Dieu, puis, après cela, qui nie que Dieu soit un être extérieur à l'humanité? Quelle confiance mérite un écrivain qui affirme que le gouvernement est le générateur de la liberté, et qui vient soutenir ensuite que c'est la liberté qui produit le gouvernement? Y a-t-il dans le proudhonisme, je ne dis pas une ombre de science, mais une ombre de bonne foi, quand il change l'origine de la Divinité et de l'autorité, pour les nier ensuite également toutes deux?

Quoi! monsieur Proudhon, vous voulez que tout homme soit son Dieu, son pape et son empereur, et cela quand la faiblesse, l'ignorance et les vices de toute sorte sont le cachet essentiel de notre nature? Vous voulez que l'homme soit un être universel, qu'il ne relève uniquement que de lui-même, alors que tout en lui n'est qu'infirmité, misère et néant ? Convenez que votre doctrine est, comme vous l'avez déjà avoué, mille fois plus absurde que le despotisme papal et royal, tenant le peuple dans les langes et les liens de la servitude, et lui enseignant à se soumettre devant un maître invisible dont ils se disent les représentants ; car enfin , que deviendrait le monde s'il était abandonné à sa débilité morale ? Évidemment il ne pourrait qu'aggraver ses maux et marcher à une perdition certaine. Vous avouez que l'athéisme religieux et politique sont moins logiques que la foi ; vous savez, par conséquent, que la négation de Dieu et du gouvernement est un crime , puisqu'elle ne peut conduire qu'à des catastrophes sanglantes , qu'au renversement de toute société ; et cependant vous persistez à nier et l'existence de l'autorité divine , et l'existence de l'autorité humaine, c'est-à-dire que vous repoussez toute espèce de législateur divin et humain, pour affirmer ce qu'il y a de plus révoltant dans le matérialisme du dix-huitième siècle ! L'expression me manque pour qualifier une pareille conduite.

La religion vient nous enseigner que l'homme est fait à l'image de Dieu : et vous, changeant cette proposition, après avoir reconnu qu'elle était vraie, vous prétendez au contraire que c'est Dieu qui est fait à l'image de l'homme, que l'homme est le sujet de la création et que Dieu en est l'objet ; qu'enfin, Dieu n'est qu'une idée dont l'humanité est la réalité.

Voudriez-vous nous apprendre depuis quand l'homme est ainsi le souverain créateur de l'univers ? car si vous êtes sincère dans votre affirmation, vous devez savoir par cœur l'origine et la fin de notre espèce. Nul doute, puisque vous êtes votre propre créateur, que vous possédez d'une manière absolue la science par laquelle se démontrent la cause, les moyens et le but de notre existence. L'auteur d'une machine ne peut ignorer d'où elle sort, qui l'a faite, avec quoi on l'a faite, ni à quelle fin elle est destinée ! Donc, monsieur Proudhon, si l'humanité est sa propre cause et sa fin raisonnée, il ne doit y avoir en vous ni faiblesse, ni obscurité. Mais la puissance et la lumière doivent résider souverainement dans votre personne et avec tant de plénitude, que vous devez être indépendant de toute force intérieure et extérieure qui ne viendrait pas de vous.

L'être parfait, souverain en puissance, en science, en sagesse, n'est subordonné à rien, il est lui-même son tout absolu, c'est-à-dire, sujet et objet, cause et fin, moyen et but ; en un mot, arbitre suprême et universel de son être. En attendant qu'il vous plaise de vous expliquer sur vos divines facultés, nous allons poursuivre notre critique.

J'ai fait voir dans les pages précédentes, que vous reconnaissiez implicitement que l'autorité et la liberté, quoique antagonistes entre elles, concouraient néanmoins à former ensemble une synthèse, sans pour cela cesser d'être deux principes bien distincts. Eh bien ! vous serez encore obligé de reconnaître que le même système existe entre Dieu et l'humanité, mais avec cette différence que Dieu est le générateur absolu de notre espèce, sans réciprocité immédiate de notre part, tandis que l'autorité et la liberté se prêtent mutuellement la vie.

Tout ce qu'on peut accorder à l'homme, c'est qu'il est une sorte de créateur relatif et dont la puissance bornée n'est qu'un faible reflet de celle du créateur souverain. Du reste, la démonstration suivante de l'existence de Dieu achèvera d'éclairer cette question et de réduire à néant vos sophismes antireligieux.

La science a observé que tous les éléments simples, en formant des corps composés, s'assimilaient réciproquement et universellement. Mais en s'assimilant ainsi, ils perdent nécessairement leurs caractères primitifs ; autrement ils ne pourraient s'identifier ensemble ni former la base substantielle des corps qu'ils composent.

Par exemple, il est certain que l'hydrogène et l'oxygène, en se combinant pour former l'eau, changent chacun leur propriété particulière, pour produire une propriété collective, laquelle est complétement étrangère à celle qu'ils possédaient, chacun dans leur état d'isolement. S'ils ne s'étaient pas modifiés l'un par l'autre, s'ils n'avaient pas transformé leur nature première, si chacun d'eux était resté isolé dans son principe individuel, en un mot, si chaque principe pouvait être regardé comme étant absolu dans son origine et sa fin, jamais les deux corps dont nous parlons n'auraient pu se modifier vis-à-vis l'un de l'autre, jamais par conséquent ils n'auraient pu se pénétrer ni s'unir, et il leur eût été tout à fait impossible de produire aucun résultat : l'oxygène fût resté éternellement oxygène, l'hydrogène eût également conservé de toute éternité son caractère immuable, et l'eau n'eût jamais vu le jour.

L'assimilation universelle, en transformant de la sorte les principes physiques, est donc la preuve irréfragable que ces principes ne sont que des phénomènes temporaires résultant des lois que l'intelligence suprême a placées dans l'ordre de la création. La création renferme en elle la loi des types et la loi des milieux, lesquelles sont au fond une seule et même loi, se manifestant sous des faces différentes. Quand les physiciens expérimentent sur un corps et qu'ils en tirent des éléments contraires, ces éléments ne sont autre chose que le produit d'une création immédiate, sortie du milieu créé par les procédés chimiques. Ainsi, le chimiste se trompe, alors qu'il croit analyser, dégager des principes d'un corps qu'il regardait comme composé, car il a lui-même donné naissance à ces principes, ou pour mieux dire, il a opéré une transformation chimique, artificielle, avec des moyens analogues à ceux que la nature emploie pour créer ses types [1].

Or, du moment que l'on reconnaît que la matière est modifiable en tous sens, on est forcé d'admettre qu'elle peut changer indéfiniment de nature, c'est-à-dire perdre toutes ces propriétés que nous lui connaissons, pour en acquérir de nouvelles, et ainsi de suite à l'infini. Mais précisément parce qu'elle peut prendre toutes les formes possibles, suivant les conditions respectives où elle est placée, elle porte avec elle la preuve qu'elle n'est au fond qu'une substance homogène, unique. Mais comme elle est passive de sa nature, il en résulte que son homogénéité ne signifie absolument rien, et qu'elle est par elle-même incapable d'aucune production. Ainsi, en suivant la déduction logique des phénomènes matériels,

---

[1] Ce que j'avance ici n'est pas une hypothèse hasardée, bien que l'expérience semble démontrer le contraire. Par exemple, si avec un même procédé chimique on tire d'un même corps deux éléments différents, ce n'est pas une raison pour conclure que ces deux éléments étaient intégrals dans le corps qu'ils composaient; car si, d'un côté, deux composants opposés sont sortis d'un même composé, de l'autre les corps isomères sont des composés divers produits par des composants semblables. Évidemment, ces derniers phénomènes ne peuvent être que l'effet du milieu où ils ont pris naissance.

Quant au premier phénomène, pour avoir son explication, il suffit d'apprécier que chaque principe matériel est à la fois une cause chimique et un agent physique, et réciproquement, lesquels agissent simultanément dans un sens inverse et opposé l'un à l'autre.

Ainsi, le principe, comme cause, transforme directement les corps sur lesquels il a une action assimilatrice, et, comme agent physique, il prépare ou provoque en même temps un milieu qui produit un résultat opposé à celui qu'il a fait naître en sa qualité de principe. C'est ainsi que la commotion électrique, en frappant sur l'hydrogène et l'oxygène mêlés ensemble, produit l'eau. D'après ce système, chaque élément présente généralement quatre faces, formant deux types et deux milieux.

à partir de leur hétérogénéité, se réduisant par l'assimilation à l'état d'homogénéité, on est conduit invinciblement au néant du matérialisme.

Or, comme il n'est pas possible de nier les manifestations de la puissance intellectuelle, tout homme qui méditera attentivement sur le nihilisme de la matière, s'il conserve encore un atome de bonne foi, confessera de toute l'énergie de sa conscience, que la seule réalité véritable, le seul être éternel : c'est l'esprit, c'est Dieu.

Poursuivons.

Si donc tous les éléments ne sont généralement que des phénomènes, il est bien certain que pour former une unité entre eux, ils doivent se générer réciproquement et être tour à tour cause et effet, et ainsi de suite à l'infini. Or, ce système implique que chaque élément, en sa qualité de cause et d'effet, présente le double aspect de positif et de négatif.

Vu dans son effet, le phénomène affirme d'un côté une propriété qui lui est propre, positive, manifeste ; de l'autre, il nie le principe efficient qui l'alimente.

Envisagé comme étant une cause, le même phénomène génère, affirme un effet qui lui est opposé et se nie par conséquent dans sa propre nature. Ainsi, en premier lieu il s'affirme lui-même et nie son opposé, en second lieu il affirme son opposé et se nie lui-même.

Par cette double affirmation et négation il est facile de reconnaître que les principes changent indéfiniment leur essence, leur nature, de manière que *un* peut être *tout* et que *tout* peut être *un*.

Mais comme les éléments matériels hétérogènes ne sauraient exister sans être corrélatifs les uns des autres, et que leur corrélativité implique que chacun d'eux a un fond analogue, homogène, attendu qu'ils ne pourraient se compléter par leurs formes différentes s'ils n'émanaient pas d'une même substance, il en résulte que la nature matérielle est simultanément *une* et *diverse*.

Je ferai remarquer que dans le grand travail de l'univers, il y a les causes actives et les causes passives. Les premières sont de deux sortes : l'une rappelle l'idée d'un Dieu créateur absolu, tirant toutes choses de rien, ou du moins créant avec sa propre substance des types, des caractères qui n'existaient nulle part avant leur formation et donnant la vie et le mouvement aux mondes. L'autre exprime la notion de l'homme créateur relatif formant la chaîne transitoire entre la nature matérielle et la nature spirituelle.

L'homme, avec l'aide de la Providence, travaille au perfectionne-
ment des êtres physiques et moraux, et apporte ainsi une initiative intelligente dans les transformations du progrès.

Les causes passives sont, comme je l'ai dit tout à l'heure, les
phénomènes physiques envisagés seulement sous leurs faces gé-
nériques. Ils tournent dans un cercle fixe, tant que la loi du milieu
qui les régit n'est troublée par aucune nécessité du temps, ni
par aucun accident étranger.

Nous venons de voir que chaque élément possède un côté positif et un côté négatif. Or, tout négatif appelle un positif qui lui
soit opposé, ceci est aussi rigoureux que le vide nécessitant le
plein ou le contenant nécessitant le contenu et *vice versa*. Donc
l'humanité négative ou vide de Dieu a pour positif ou pour plein
Dieu même.

L'humanité, par cela seul qu'elle se crée un idéal religieux
que la foi inspire, mais que nous nions par faiblesse de raison et
surtout parce que nous sommes à l'opposite de la Divinité, est la
preuve irréfragable, infaillible de l'existence de Dieu. Je soutiens
qu'une idée n'est pas si elle n'a point de *réalité* ou si elle ne peut
se *réaliser*. Toutes les idées sont vraies ; l'erreur ne consiste que
dans leur irrationnalité [1].

Ainsi pas de milieu entre ce dilemme : ou l'idée religieuse a un
objet réel, et alors la révélation est incontestable ; ou cette idée
est purement fictive, et dans ce cas elle implique dans l'homme
la liberté et la subjectivité, ayant pour corollaire logique la puissance réalisatrice de l'idée créée. Qui a jamais conçu *subjective-
ment* une idée rationnelle, s'il n'avait trouvé, en la concevant, le
moyen de la réaliser ? Qui a jamais conçu *objectivement* une idée
quelconque, si elle n'était déjà réalisée ? Donc, puisque nous man-
quons de puissance divine, et que néanmoins nous avons la notion
de Dieu, on est logiquement forcé de conclure que notre idéal
religieux a sa réalité positive en dehors de nous.

Poursuivons.

Dieu négatif, ou vide de l'humanité, a donc pour positif l'humanité même ; mais ce positif humain est à Dieu ce que la matière

---

[1] Ainsi, le communisme et le crédit gratuit sont également deux vérités.
Ce sont, au fond, deux sentiments moraux enseignés par l'Évangile ; le mal,
c'est de les matérialiser en les organisant. L'humanité, en sa qualité d'image
de son Créateur, est une Divinité relative ; le danger, c'est de vouloir qu'elle
soit un Dieu absolu.

pesante est à la matière subtile. Par cette double négation on voit que l'humanité est en Dieu et que Dieu est dans l'humanité. Et par leur double affirmation ces êtres ont chacun leur positif extérieur l'un à l'autre et formant, par conséquent, deux pôles extrêmes qui ne peuvent jamais être confondus.

Donc Dieu, quoique vivant dans l'humanité, est, par la mystérieuse activité de son esprit, la cause externe, surnaturelle, invisible de l'humanité.

Donc l'humanité, bien que vivant en Dieu, se trouve néanmoins placée en dehors de lui ; car, en sa qualité de créature sensible, elle est nécessairement opposée à son créateur, qui est purement immatériel ; car elle sort d'un principe caché pour apparaître naturellement sous une forme visible et palpable.

Cette doctrine, qui ne saurait souffrir la moindre contestation, est clairement celle du christianisme :

« Le Verbe s'est incarné dans le monde, et le monde s'assimile « le Verbe dans la communion eucharistique. »

« Nous sommes, dit saint Paul, les membres du Christ et le « temple de Dieu. — Le monde visible est la manifestation du « monde invisible. »

Il est évident que le temple et celui qui l'habite ne sont point semblables, et que le visible et l'invisible sont d'une nature directement opposée ; et cependant ils se touchent, ils se remplissent réciproquement. Pour rendre plus saisissante cette vérité, je fais la comparaison suivante :

L'œil ayant pour centre le rayon noir, est le négatif du soleil, qui a pour centre le rayon blanc, lequel devient, à son tour, le négatif de l'œil. Le soleil est le foyer vital de l'œil, l'œil est l'organe assimilateur du soleil. Le premier, sans le second, perdrait ses rayons dans le vide et stériliserait sa gloire et sa puissance, faute de créatures qui vivent par lui et lui rendent un culte d'adoration. Le second, sans le premier, n'aurait aucune raison, il serait complétement inutile, impossible : il ne serait pas. Donc, nier le soleil, c'est l'affirmer ; car la négation ne peut avoir lieu que par l'œil qui, tout étant l'objet antagoniste de l'astre du jour, en est en même temps, par son iris, le miroir renversé ou le réflecteur interne, en un mot le but complémentaire.

Et n'allez pas croire, monsieur Proudhon, que je donne ici raison à votre méthode de négation, j'en serais bien désespéré. Comme vous ignorez la différence qu'il y a entre la négation logique aboutissant à une affirmation inverse d'elle-même, et la négation antinomique, affirmant l'objet nié, c'est-à-dire le montrant sous un point de vue plus élevé qu'il n'apparaissait d'abord, il en résulte que, quand vous niez un Dieu imparfait, que vous n'avez pas l'intention d'en révéler un autre plus sublime et de le montrer à son véritable pôle. Non ; votre négation fait positivement descendre Dieu du ciel pour l'affirmer uniquement dans l'humanité, cet être plein de faiblesse et d'infirmités. Ainsi votre négation, au lieu de vous faire avancer dans les voies ascensionnelles de l'Être infini, vous conduit à l'athéisme, cette autre négation de tout principe de vie. Votre méthode négative est, non pas l'antinomie synonymique, embrassant l'universalité des principes les plus contraires, et réalisant progressivement la lumière et la vie, mais bien, si je puis m'exprimer ainsi, la contradiction logique, ne voyant la science que dans ses détails et non dans son ensemble, et produisant les ténèbres et la confusion. Elle n'est pas l'inversion du mal et la logique de l'Être, mais elle est l'inversion du bien et la logique du néant. Du reste, vous vous êtes vous-même donné la peine de nous faire savoir que vous étiez le logicien du néant ; qu'on en juge plutôt par les paroles suivantes :

« J'ai pris, dites-vous, pour règle de mes jugements, que tout principe qui, poussé à ses dernières conséquences, aboutirait à une contradiction, devait être tenu pour *faux* et *nié*, et que si le principe avait donné lieu à une institution, elle devait être considérée comme factice et utopie. » (*Confessions d'un révolutionnaire*, p. 43.) Or, comme en dehors de l'absolu il n'y a pas un seul principe qui ne soit contradictoire, précisément parce qu'il relève de la nature infinie, et qu'il est susceptible de transformation éternelle, il en résulte que vous marchez de négation en négation, jusqu'à vous évanouir dans le vide. N'avais-je donc pas raison de dire que vous étiez le logicien du néant ? Mais pour qu'il ne reste pas le moindre doute sur le caractère de votre doctrine négative, vous avez encore vous-même pris le soin de nous révéler sa véritable signification, en déclarant « que toute négation aboutit à une affirmation ; en sorte que, par une suite successive de négations, on arrive à une suite successive d'affirmations, portant en elles les principes constitutifs d'un monde nouveau. »

« Ainsi, ajoutez-vous, par ma méthode de négation, j'ai été conduit, en niant la religion, à affirmer l'athéisme ; en niant l'autorité, à affirmer l'anarchie ; en niant la propriété, à affirmer le crédit gratuit ou la loi agraire.»—Ailleurs, vous avez nié la vertu et le dévouement, ainsi que l'existence de Dieu. Votre logique vous conduit donc à affirmer encore le crime et le néant.

Chose étrange, vous ne croyez pas à l'absolu, vous êtes l'ennemi mortel de tout système, les contradictions les plus anarchiques forment le fond de votre doctrine, et ici vous déclarez positivement que si un principe n'est pas *un* et immuable comme l'absolu, vous le tenez pour faux, et le niez ! A quoi donc vous sert de tant parler science et philosophie ? Dites franchement que vous ne croyez à rien, pas plus à la diversité qu'à l'unité ; niez sans détour et sans hésitation toute vérité divine et humaine : ce sera plus tôt fait.

Revenons à l'étude de l'Etat. Nous venons d'apprécier que M. Proudhon, en niant Dieu, l'affirmait malgré lui, et sans le savoir, en dehors de l'humanité. Eh bien ! nous allons voir qu'il fait exactement la même chose au sujet de l'Etat.

« Le suffrage universel, dit-il, durera autant que le monde : « il est indestructible. »

Qu'est-ce que le suffrage universel ? C'est le pouvoir qu'a le peuple de se choisir un gouvernement ; donc son exercice implique le produit d'une autorité ou il ne signifie rien.

La pratique vraie du suffrage universel exprime la *convergence absolue* des citoyens vers un centre commun, qui devient un symbole d'unité, de volonté et de puissance sociale.

La pratique de l'anarchie, au contraire, suppose forcément que la société se nie elle-même, par la *divergence absolue* de ses membres, marchant en opposition les uns des autres, dans un désordre totalement désorganisateur.

Ainsi, l'anarchie, par la raison qu'elle a pour principe la *liberté illimitée* de l'individu, est l'antipode radical de la souveraineté populaire ; car celle-ci, impliquant l'unité politique, ne peut exister que par la dépendance réciproque des hommes ; celle-là, impliquant leur séparation, affirme leur indépendance complète. L'une produit le despotisme, l'autre le chaos.

Sous le régime anarchique, la société, manquant radicalement de lien, est impossible.

Sous le régime démocratique absolu, la souveraineté populaire ne pouvant se prêter au gré des mouvements de l'individualité, elle l'absorbe et la nie. D'ailleurs le pouvoir du peuple, retombant directement sur le peuple, produit l'antinomie suivante, que j'ai constatée dans ma *Réfutation du socialisme légal*.

« Le peuple parle, qu'il se taise.

« Le peuple commande, qu'il obéisse.

« Le peuple est maître, qu'il soit esclave.

En dehors de la monarchie constitutionnelle, basée sur la propriété, il n'y a en réalité que deux sortes de gouvernements : le premier est l'autorité royale dominant la masse, le deuxième est l'autorité nationale dominant l'individu.

Rayez le pouvoir du *roi*, vous avez le pouvoir du *peuple* ; supprimez et l'autorité monarchique et l'autorité démocratique, vous tombez dans l'anarchie.

Donc, monsieur Proudhon, quand vous affirmez l'indestructibilité de la souveraineté populaire, c'est comme si vous disiez que le despotisme et la servitude du peuple seront éternels.

Maintenant, jugez vous-même de l'énormité de votre inconséquence. Vous ne cessez de prêcher l'abolition de tous les pouvoirs, et vous faites, en maintenant le suffrage universel, sortir des entrailles de la nation un gouvernement qui, venant s'interposer entre les citoyens, les gouverne avec beaucoup plus de rigueur que ne le ferait une monarchie absolue. Ainsi, vous condamnez par vos propres affirmations l'anarchie, votre idole.

Mais là ne se bornent pas vos tergiversations politiques ; car, pour déguiser cette autorité, qui naît invinciblement du vote du peuple, vous affirmez « que la société agira par elle-même, et saura bien se passer de l'intermédiaire de l'Etat. » Une telle affirmation « est un leurre de charlatan, une mystification de démagogue », car, je vous le demande, dites-nous, en conscience, à quoi servirait le suffrage universel, si l'Etat était inutile ? Est-ce que quand vous pensez, voulez, agissez, il vous est nécessaire d'élire un chef qui dirige vos pensées et vos actions ? Non. Donc, si le peuple peut agir comme une seule personne, le suffrage universel est radicalement superflu, et par conséquent, cessez d'affirmer *qu'il durera autant que le monde.*

« Le seul droit du gouvernement, dites-vous, est d'inviter les citoyens à produire eux-mêmes, par le plein exercice de leur liberté, les faits nouveaux sur lesquels, lui, gouvernement, serait plus tard appelé à exercer une *surveillance*, soit au besoin une *direction.* »

... « Le gouvernement doit se faire, non le patron des travailleurs, mais le valet. » (*Confessions d'un révolutionnaire,* pag. 20 et 22.)

Un gouvernement invitant, surveillant, dirigeant les citoyens, un gouvernement qui, sous le *nom de valet*, fait la police du travail, alors que le droit au crédit gratuit a centralisé toutes les fonctions agricoles et industrielles, mais jamais les communistes n'en ont demandé davantage.

Dites-nous, je vous prie, en quoi diffère votre *Etat-valet* d'avec l'*Etat-serviteur* de Louis Blanc, que vous avez tant combattu? Vous avez cru, sans doute, changer la nature de l'autorité en l'appelant valet plutôt que serviteur?

Pensez-vous donc qu'on sera plus libre à être dirigé et, au besoin, châtié par l'un que par l'autre? Avec vos petits mots et vos gros sophismes, vous ne vous apercevez pas qu'aussitôt que vous paraissez vouloir répudier l'anarchie et la loi agraire, vous aboutissez tout juste, comme vos adversaires en novations sociales, au communisme.

Voyons maintenant le joli accord de vos idées sur les principes de l'autorité.

D'abord vous répétez à chaque instant que vous ne voulez plus de gouvernement par en haut, mais que vous le voulez par en bas. Puis, sans prendre garde à ce que vous dites, vous repoussez toute espèce de gouvernement de l'*homme par l'homme*, en affirmant que chacun doit être son pape et son empereur. Mais s'il doit en être ainsi, comment le gouvernement sera-t-il possible plutôt en bas qu'en haut?

Un pape qui serait forcé de subir une domination étrangère à la sienne, qu'elle soit au-dessus de sa tête ou au-dessous de ses pieds, en serait-il moins subordonné pour cela, et pourrait-il encore se regarder comme souverain pontife? Non. Car, encore une fois, là où il y a gouvernement, qu'il soit dans un fond ou sur une hauteur, peu importe, il se trouve nécessairement des gouvernants et des gouvernés, et jamais un gouverné ne s'appellera empereur.

La société des papes et des empereurs implique logiquement que toutes les individualités doivent posséder chacune un droit absolu, et qu'elles ne doivent par conséquent rencontrer aucune limite à leur liberté.

Or, remarquez que le droit absolu nie radicalement toute espèce de devoir, car le droit a pour corollaire direct la liberté, et le devoir la dépendance. Si donc le droit est absolu, la dépendance n'existe pas, partant le devoir est nul

Mais du moment qu'il n'y a plus sur la terre que des hommes du droit et de la liberté, qui donc alors remplira la tâche de travail que la Providence a imposée à notre espèce? Personne. Est-il besoin d'ajouter qu'une pareille société est une chimère absurde, et qu'en poursuivre la réalisation, c'est marcher vers un abîme de maux certains?

Ainsi, l'abolition du *gouvernement de l'homme par l'homme* sera une illusion funeste, tant qu'il y aura des devoirs à remplir ici-bas, ou tant que la morale ne suffira pas à elle seule à soumettre les hommes à l'accomplissement de la tâche qu'il sont appelés à exécuter.

Le gouvernement de l'*homme par l'homme* se partage en deux formules principales bien distinctes: gouvernement de *un* sur *tous*, c'est le régime monarchique, absolu ; gouvernement de *tous* par *un* ou plusieurs, c'est le régime démocratique.

Il y a encore une troisième formule que les anarchistes se plaisent à citer, mais qui n'est en réalité qu'un grossier paradoxe, c'est le gouvernement de *tous* par *tous*. Comme si chacun devait voir directement un maître dans son semblable, et réciproquement ! Comme si encore la société entière pouvait se commander comme un seul homme et obéir de même, alors que le commandement et l'obéissance se trouvent égaux, simultanés chez chaque membre du corps social !

Entre les deux principales formules gouvernementales dont je viens de parler, il y a bien quelques nuances de pouvoirs : tels l'oligarque, le constitutionnel, le fédéral, etc. Mais généralement ces différents pouvoirs sont, en définitive, pour le peuple le *gouvernement de l'homme par l'homme*. Or, de l'aveu même de tous les socialistes, le gouvernement de l'homme par l'homme, quelle que soit sa forme, entraîne nécessairement l'*exploitation de l'homme par l'homme*. Donc, toute constitution politique a pour corrélatif une constitution économique qui lui est adéquate, l'une moule l'autre, et *vice versa*.

Comme je l'ai dit plus haut, la monarchie absolue étant la domination de l'individu sur la masse, il en résulte que le peuple est contraint de travailler pour le bien de son dominateur et de ses satellites.

Sous le régime constitutionnel, c'est la propriété qui donne le pouvoir, et non le pouvoir qui donne la propriété. Le capitaliste est le roi de la société, l'ouvrier est le serviteur du capitaliste. —

La politique n'est, en réalité, qu'un instrument de police et d'ordre entre les mains des propriétaires.

Sous le régime démocratique, la masse dominant en souveraine les individus, les individus sont par conséquent esclaves de la masse.

La domination de l'*individualité* sur la *société* emporte économiquement la domination de l'intérêt particulier sur l'intérêt général. De même, la domination de la société sur l'individualité nécessite la domination de l'intérêt commun sur l'intérêt personnel.

Donc, la royauté implique la propriété, et la souveraineté populaire implique la communauté, comme l'anarchie produit forcément la loi agraire. Un roi ne saurait être souverain politique absolu , s'il n'avait aucun droit d'imposer à son profit la propriété de ses sujets. De même, un peuple ne peut être maître politique et être esclave social. Le pouvoir de faire les lois, de régir les intérêts publics et privés, suppose la faculté qu'a le souverain de disposer, à son gré, de la fortune nationale et individuelle.

On doit conclure de ces principes que si la communauté des biens ne s'effectue pas aussitôt que le peuple est réellement souverain politique, c'est qu'en déléguant ses pouvoirs à ses représentants, il ne leur formule pas de mandats impératifs et qu'il les laisse parfaitement libres de le gouverner comme ils l'entendront.

Mais s'il disait à ses mandataires : « Le salaire que je reçois m'est insuffisant pour vivre ; d'ailleurs je ne trouve pas toujours à m'occuper régulièrement : j'exige donc que vous consacriez le droit au travail, et qu'une plus forte répartition de biens assure l'existence du travailleur. » Eh bien ! je le demande, ce mandat pourrait-il avoir une autre signification que celle-ci : « Emparez-vous des biens des riches par l'impôt ou par tout autre moyen que vous jugerez convenable, afin de pourvoir à mes besoins; centralisez les fortunes des citoyens dans les mains de l'Etat, faites-vous propriétaire universel, absorbez toutes les fonctions agricoles, commerciales et industrielles, forcez les individus au devoir du travail pour couvrir la responsabilité de votre gérance nationale, organisez la solidarité légale des individus, c'est-à-dire asservissez-les réciproquement les uns aux autres ; en un mot, disposez de *tout* pour l'intérêt de *tous*? »

Voilà où conduit logiquement la souveraineté du peuple ; elle réalise le communisme légal et la servitude universelle, ou elle ne signifie absolument rien. L'égalité devant la loi est donc un argument à l'anarchie, ou elle réalise forcément le despotisme social, l'égalité des biens, quand le droit et le devoir de l'homme n'ont point pour fondement la justice éternelle, qui place dans la société chacun selon son mérite.

On lit dans les *Confessions d'un révolté*, pag. 8 :

« Tout pour le peuple et par le peuple, même le gouvernement. — Tout pour le peuple, agriculture, commerce, industrie, philosophie, religion, police, etc. Tout par le peuple ; le gouvernement et la religion, aussi bien que le commerce et l'industrie.»

—« La démocratie est l'abolition de tous les *pouvoirs* spirituels et temporels, législatifs et exécutifs, judiciaires et propriétaires.

« Nous n'avons pas besoin d'élus qui nous gouvernent. »

Combien de fois faudra-t-il répéter que le peuple est une pure abstraction, manquant de sens pour se manifester comme un individu, et que lui attribuer la religion et la philosophie comme à un docteur personnel, le gouvernement comme à un roi, et toutes les fonctions économiques comme à une individualité réelle, c'est parler pour ne rien dire, c'est se moquer du monde ?

Et comment le peuple sera-t-il gouvernement, prêtre, philosophe, juge, commerçant, propriétaire, etc., etc., *si la démocratie est l'abolition de tous les pouvoirs?* Et à quoi peut servir le suffrage universel, *si nous n'avons pas besoin d'élus qui nous gouvernent?* Proclamer la souveraineté populaire et dire qu'il n'y aura plus de souverain est une sottise qui n'a pas de nom. Dire que le peuple sera roi, et que chaque individu sera son maître, c'est affirmer que la société aura le droit de commander et que chacun aura le droit de ne pas obéir. Je le répète, autorité individuelle et autorité sociale sont termes incompatibles. Si tout le monde en particulier est gouvernement, où seront les gouvernés? Si chacun est professeur de religion et de philosophie, où seront les néophytes et les élèves ? Enfin si chacun est propriétaire, où seront les travailleurs ? Et puisque le peuple doit remplacer ses chefs en toute chose, puisqu'il doit remplir toutes les fonctions supérieures du pouvoir politique et économique, qui le remplacera, lui peuple, dans la rude tâche de son labeur et dans la nécessité de ses devoirs ? Mais enfin, si tous les termes de la société, tels que gouvernant et gouverné, capitaliste et travailleur, etc., doivent être identifiés ensemble, pourquoi alors parler de liberté individuelle illimitée, quand l'indentification des parties sociales réalise l'absorption des individualités ?

Vraiment le proudhonisme a un côté comique , qui atténue quelquefois son côté sinistre.

Voyez-vous un peuple-roi n'ayant rien à gouverner, un peuple-philosophe n'ayant rien à enseigner, un peuple-juge n'ayant rien à juger ! Comprenez-vous un industriel sans atelier, un commerçant sans marchandise, un propriétaire sans propriété, etc., etc.; en un mot un suffrage universel sans électeurs ni élus ?

Les contradictions que je signale ici sont tellement dans la conscience de M. Proudhon, elles sont si bien senties par lui, qu'il les a lui-même soulignées dans le passage suivant :

«Elevez, dit-il, au-dessus des administrations publiques un grand jury législateur ou assemblée nationale nommée directement par la totalité du pays, et chargée de vérifier les comptes, de *faire les lois*, de fixer le budget, de *juger* les différends entre les administrations sociales, le tout, après avoir entendu les conclusions du ministre de l'intérieur, auquel se réduira désormais tout le gouvernement.

« Là le gouvernement, l'Etat, le pouvoir quel que soit le nom que vous lui donniez, ramené à ses justes limites, qui sont non de *légiférer* ni *d'exécuter*, pas même de *combattre* ni de *juger*, mais d'assister comme ministère public aux débats des tribunaux et aux discussions du parlement, de rappeler le sens des lois et d'en prévenir les contradictions; de surveiller, comme simple police, leur *exécution* et d'en poursuivre les infractions ; là, dis-je, le gouvernement n'est autre chose que le proviseur de la société, la sentinelle du peuple.» — «Là, enfin, vous avez... le *patriotisme des baïonnettes*, la *soumission des partis*, *l'impuissance des sectes*, la convergence de toutes les volontés. Votre société est organisée, vivante, progressive ; elle pense, parle, agit comme un seul homme.» (*Confessions d'un révolté*, pag. 68.)

Quel galimatias! Et dire que c'est avec de pareilles balivernes que M. Proudhon a épouvanté le monde !

Faut-il que le bon sens soit profané et foulé aux pieds ! Quoi ! monsieur Proudhon, après avoir nié positivement toue espèce de constitution politique et sociale, en détruisant de fond en comble tous les principes du devoir, après avoir montré l'individualité en révolte constante contre la société, vous osez encore idéaliser le peuple dans une unité si complète, si absolue, que ce peuple « vit, pense, parle, agit, comme un seul homme!» Mais si la société n'a qu'un sentiment, qu'une volonté, qu'un désir et qu'un intérêt, à quoi bon des baïonnettes patriotiques, des juges, des accusateurs publics, des agents de police, etc.? Où est la nécessité de cette oppression qui écrase les sectes et étouffe les partis ? Enfin, que signifie tout cet attirail de gouvernement qui sera constamment employé à ne rien faire, c'est-à-dire, qui fera des lois et qui n'en fera pas, qui jugera et qui ne jugera pas, qui exécutera et qui n'exécutera pas , qui réglera les intérêts du pays et qui ne doit se mêler de rien, etc.?

Non, jamais avant vous, monsieur, le monde n'avait vu la négation et l'affirmation gouvernementale se marier ensemble, mais aussi jamais l'esprit humain n'avait été assailli par un déluge de paradoxes aussi stupides et aussi effrontés! Il n'y avait qu'un maître en anarchie qui pût enfanter de pareils prodiges!

Examinons maintenant l'appréciation de M. Proudhon sur l'initiative et la puissance de l'Etat.

Au commencement de cet article nous avons vu l'auteur de la Banque démocratique affirmer que l'Etat doit à tous les travailleurs le crédit gratuit et la pension de retraite ; nous avons pu constater que *l'Etat-valet* doit toujours être aux ordres du peuple et exécuter ponctuellement ses volontés. Ainsi, soit que l'autorité représente l'intérêt individuel, elle a toute puissance pour faire triompher le droit de propriété ; soit qu'elle représente l'intérêt général, aucune force ne lui manque pour réaliser la communauté.— Eh bien! par une négation qui n'a ni raison ni motif, et qui contredit radicalement l'omnipotence des pouvoirs, l'anarchiste refuse à l'Etat, quel qu'il soit, la faculté d'opérer la moindre réforme, tandis qu'il accorde au peuple, livré à sa spontanéité, la plénitude de faire tout ce qu'il veut. Ainsi la société peut tout par elle-même, et rien par ses représentants. Comme si un corps en désordre était beaucoup plus capable lorsqu'il manque de tête, que quand il en a une qui résume ses mouvements et les dirige. Comme si encore une armée avait beaucoup plus de puissance en marchant sans chefs et sans direction, qu'avec des chefs intelligents qui la guident et la disciplinent.

On lit dans les *Confessions d'un révolutionnaire*, p. 34, le dialogue suivant, engagé entre les ouvriers et le gouvernement provisoire :

« Les Ouvriers : Faites-nous travailler vous-mêmes , si les entrepreneurs ne peuvent reprendre leur fabrication.

— « Le Gouvernement : Je n'ai pas d'argent, et par conséquent je ne puis vous assurer de salaires. Je n'ai que faire moi-même de vos produits, et ne saurais à qui les vendre ; cela n'avancerait absolument à rien, parce que par ma concurrence l'industrie libre se trouverait arrêtée et me renverrait ses ouvriers.

— « En ce cas, chargez-vous de toutes les industries, de tous les transports, de l'agriculture même.

— « Je ne puis ; un pareil régime serait la communauté, la servitude universelle.

— « Faites-nous donc crédit, avancez-nous des capitaux, organisez la commandite par l'Etat.

— « Vous n'avez point de gage à m'offrir. Et puis, je vous le répète, je n'ai pas d'argent.

— « C'est à l'Etat à donner crédit et non à le recevoir; créez un papier-monnaie, nous l'acceptons d'avance, et nous le ferons recevoir aux autres.

— « Cours forcé, assignats, j'en suis désespéré ! Je puis bien forcer le payement, mais je ne puis forcer la vente , *votre papier-monnaie tombera en trois mois sous la dépréciation*, et votre misère sera pire. »

Ainsi, M. Proudhon constate l'impuissance absolue de l'Etat à prendre l'initiative d'aucune réforme.

D'où vient cette impuissance? Evidemment de la pauvreté des ressources publiques, et surtout de l'opposition qui se rencontre entre l'intérêt individuel et l'intérêt social.

C'est pourquoi le gouvernement ne peut ni consacrer le droit au travail, sans attaquer la propriété par l'impôt, ni faire travailler les ouvriers sans faire une concurrence ruineuse à l'industrie privée, ni s'emparer de tous les travaux sans établir la communauté, cette *servitude universelle*, ni fonder une banque de papier-monnaie, sans que ses défauts de garantie fassent dégénérer ce papier et le précipite dans une misérable dépréciation.

Mais si toutes ces choses étaient laissées à la prétendue spontanéité du peuple; oh ! alors, elles seraient parfaites et marcheraient comme d'elles-mêmes.

Ainsi le cours forcé des assignats de la banque agrairienne serait une excellente réforme financière. La ruine de tous les industriels serait un admirable mouvement économique. Le droit au crédit gratuit, cette expropriation légale ou anarchique de la propriété, serait ravissant de justice. L'arbitraire et les violences d'un peuple livré à sa brutale spontanéité seraient autant de gracieuses générosités que les victimes de cet odieux régime devraient accueillir comme des faveurs célestes. Pourvu que ce peuple ne soit ni propriétaire ni communiste, tous ses crimes seront d'adorables vertus.

Quand le proudhonisme a parlé de l'initiative populaire, c'en est fait, tous les problèmes politiques, religieux et sociaux sont radicalement résolus. Voulez-vous comprendre l'absolu, pénétrer l'infini, escalader le ciel et en chasser le bon Dieu ? Avalez un billet de circulation, en répétant dévotement jusqu'à neuf fois le mot spontanéité, et à l'instant même vos yeux s'ouvriront, et vous verrez immédiatement l'éternité et l'immensité tomber à vos genoux !!!

Poursuivons.

Croyez-vous, monsieur Proudhon qu'il suffise à un peuple d'être souverain, pour qu'il ait le droit absolu de faire tout ce que bon lui semble ? Si vous ne le pensez pas, convenez alors que ce n'est pas assez pour lui de posséder le pouvoir et l'initiative, mais qu'il faut encore qu'il ait l'intelligence et surtout la justice. Autrement vous seriez forcé d'admettre qu'un roi, par cela seul qu'il est maître, a parfaitement raison d'opprimer ses sujets. En effet, si un peuple peut être justifié dans tous les brigandages qu'il pourrait commettre en exerçant sa souveraineté, qui oserait blâmer la conduite d'un tyran royal ? Le peuple souverain n'a pas plus le droit d'être injuste envers l'individu-sujet, que l'individu-roi n'a le droit d'être inique envers le peuple-sujet. La justice ne fait acception de personne : tous les hommes sont égaux devant sa loi.

Quoi qu'il en soit, j'admets un instant que le peuple veuille, sans le secours d'intermédiaire, appliquer les principes du proudhonisme ; qu'arriverait-il ? Le voici :

Du moment que la volonté générale n'est pas formulée en loi et n'est pas exécutée par une représentation nationale ou par un pouvoir héréditaire, toute autorité réelle est abolie. Dès lors, chaque individu livré à lui-même n'ayant plus d'autre mobile de conduite que ses instincts brutaux, et ne connaissant plus ni frein ni règle, serait naturellement libre d'appliquer le droit au crédit à sa manière. Aussi, usant largement de son droit, il se jetterait sur la propriété pour la dévorer à sa guise. Puis, comme il ne trouverait pas d'autre moyen que la violence pour forcer le capitaliste à lui prêter ses richesses, il le saisirait à la gorge et lui demanderait la bourse ou la vie. Et ces attentats se commettraient avec d'autant plus de cynisme de la part de l'emprunteur proudhonien, qu'il serait assuré de l'impunité de ses crimes par sa qualité de *pape* et d'*empereur*. Ainsi la souveraineté populaire du proudhonisme, après avoir brisé tous les freins moraux, religieux et politiques, se traduirait logiquement en une anarchie de pillage, de viol et d'assassinat ! La société alors, écrasée sous un déluge de maux innombrables, déchirée par le plus terrible brigandage auquel l'humanité ait jamais assisté, expirerait au milieu du sang, du deuil et des larmes ! Et quand cet anéantissement de la civilisation se serait consommé, quand le crime triomphant se serait rassasié de la dernière agonie des nations, la terre flétrie, ravagée par le fléau de l'anarchie, présenterait partout le spectacle d'un vaste sépulcre. Seulement on verrait çà et là sur le sol désert quelques tyrans farouches régnant comme des vautours sur les ruines sanglantes du passé, et rivant des fers aux restes des victimes échappées à ce cataclysme universel !

Si, au contraire, le crédit gratuit s'applique par l'État, alors ce sera la spoliation légale, le vol régulier, l'oppression de la débauche, mettant périodiquement l'épargne et l'économie à contribuer. Voilà du moins ce que M. Proudhon affirme dans les paroles suivantes :

« Qui ne voit d'abord que le droit à l'assistance est la même chose que le droit au travail ? » — « Le droit au travail est la même chose que le droit au crédit. » — « Le droit de se faire assister ou de se faire créditer, après avoir absorbé la propriété, nécessiterait un système de retenue sur les salaires. Alors ce ne sont plus les propriétaires ou les capitalistes qui créditent, ce sont les travailleurs qui se créditent les uns les autres. L'ouvrier qui travaille paye pour celui qui ne travaille pas, *le bon pour le mauvais, l'économe pour le prodigue et le débauché.* Dans tous les cas, le droit au crédit devient une retraite pour l'inconduite, une prime à la paresse ; c'est le contre-fort de la mendicité, la providence de la misère. Le paupérisme devient ainsi chose constitutionnelle ; c'est une fonction sociale, payée, encouragée, multipliée. La taxe des crédités est un argument au désordre contre les caisses d'épargne, caisses de retraite, tontines, etc. Pendant que vous moralisez le peuple par vos institutions de charité et d'assistance, vous le démoralisez par le droit au crédit gratuit. » (*Confessions d'un révolutionnaire,* p. 62 et 63.)

Eh bien, monsieur Proudhon, après une déclamation aussi flétrissante contre le droit à l'assistance, c'est-à-dire contre le droit au crédit gratuit, qui sont une seule et même chose selon vous, venez donc encore, comme vous l'avez déjà fait cent fois, demander à l'Etat qu'il organise le droit au crédit et des pensions de retraite pour tout le monde !

« Si le socialisme, dites-vous, est resté à l'état d'utopie, c'est qu'on a voulu le réaliser par voie gouvernementale avant de le réaliser dans la conscience publique. »

Vous avouez donc que l'Etat peut quelque chose quand la majorité populaire le veut ? Ainsi, contrairement à ce que vous avez soutenu dans votre dialogue au sujet du gouvernement provisoire et en bien d'autres circonstances, vous admettez qu'une idée, un système, une doctrine quelle qu'elle soit, est très-possible « par voie gouvernementale » lorsque la nation souveraine le veut. Vous n'examinez plus si « le droit individuel est à côté du droit social. » Non. Le suffrage universel viendrait-il à proclamer ce communisme, que vous avez regardé comme une *puanteur*, un *fumier*, que vous vous inclineriez avec respect devant cette *sale* théorie. Je crois même que vous feriez très-humblement le sacrifice de votre conscience si la fraternité victorieuse des *huîtres* l'exigeait.

En effet, dans les *Confessions d'un révolutionnaire*, page 63, vous dites : « Accordez-moi le suffrage universel à perpétuité, et j'accepte d'avance tous ses produits. » D'après cette déclaration, vous reconnaissez que la majorité « est l'autorité supérieure à tout pouvoir et à toute Constitution. » Cependant, malgré cet aveu si explicite, on vous a vu combattre les majorités avec un acharnement d'hydrophobe. Comment justifierez-vous une pareille conduite ? car enfin, si vous croyez que les majorités « sont une autorité supérieure à toute Constitution », respectez leur volonté ; si vous croyez, au contraire, qu'elles sont dans l'erreur, vous pensez donc, vous minorité infime, vous conscience isolée, avoir plus raison à vous seul que les majorités dont vous reconnaissiez tout à l'heure l'omnipotence ? Et si vous avez la prétention d'être plus éclairé que les autres, quel est celui qui, comme vous, ne pourra soutenir qu'il est, lui aussi, plus éclairé que ses semblables et plus que vous-même ? D'un autre côté, si un individu peut avoir plus de lumières personnellement que la masse, quelle raison pourrez-vous invoquer pour défendre la souveraineté du peuple ? Pas de milieu entre ce dilemme : ou les majorités ont plus de savoir et de sagesse que les minorités, et alors vos attaques furibondes contre les majorités n'ont pas de raison ; ou les minorités possèdent plus de science et de lumière que les majorités, et dans ce cas, la souveraineté du peuple, que vous déclarez indestructible, est irrationnelle, fausse et utopique. Il faut pourtant, si vous voulez survivre à tant de contradictions, que vous sortiez de ce labyrinthe inextricable, ou vous résigner à n'être toujours qu'un mort, une ombre confuse.

Tenez, vraiment votre position me touche, et les difficultés où je vous vois perdu m'engagent à vous aider, afin de vous tirer de votre mortel embarras ; voici la proposition que je vous fais :

La vérité sociale peut-elle se démontrer par un critérium de certitude qui la rende aussi infaillible qu'un axiome de mathématiques ? la science a-t-elle le pouvoir de contraindre la raison à s'incliner devant la clarté de ses démonstrations, comme le soleil force nos yeux à s'incliner devant sa lumière ? en un mot, est-il possible de connaître d'une manière positive et précise la loi humaine ? Si oui, montrez-nous que ce critérium est la boussole qui vous servit de guide fidèle dans les affirmations de votre doctrine ; faites-nous voir la solidité inébranlable de vos principes, et alors nous vous suivrons avec joie. Si non, déclarez sans hésiter que tout, dans ce monde, est matière de foi ; que la destinée humaine échappe à notre intelligence, et qu'enfin il est impossible d'avoir aucune notion certaine, palpable sur le socialisme. Confessez que toutes vos déclamations passionnées contre la religion, le gouvernement et la propriété, sont autant d'outrages qui méritent un châtiment d'autant plus grand, que vous saviez bien que vous agitiez les esprits sans certitude et sans espérance même de les conduire à bien. Prosternez-vous devant le pape, demandez pardon aux rois, humiliez-vous devant les propriétaires, implorez la grâce des capitalistes, et cessez de troubler le peuple par des théories que la religion anathématise, que la politique condamne, et que la propriété répudie. Annoncez au peuple que le suffrage universel n'est pas du tout indestructible comme le monde ; dites-lui bien surtout qu'il ne peut être souverain, parce que la foi étant l'unique apanage de son âme, il lui est impossible de se prononcer sur aucun dogme religieux et politique. Par conséquent, faites-lui entendre que sa destinée est de se soumettre aux chefs que le destin lui a donnés.

Donnez vous-même un exemple de soumission par un acte de sincère repentir, qui consistera à répudier tous les sophismes empoisonneurs que vous avez répandus dans le monde. Faites ceci, vous dis-je, ou éclairez votre doctrine de telle manière qu'il n'y ait plus en elle la plus petite ombre ; sans cela, on aura le droit de vous accuser d'être animé par les intentions les plus criminelles. En attendant que vous opériez votre conversion, ou qu'il vous plaise de devenir lumineux, nous allons examiner vos appréciations sur l'utilité de l'Etat et vos contradictions révolutionnaires.

« Le gouvernement, dites-vous, étant responsable devant le pays de *l'ordre et de la liberté, chargé de défendre tous les intérêts,* il ne put voir dans la manifestation du 16 avril qu'une tentative d'usurpation ; il résista : qui oserait le condamner ? » Vous-même, par vos doctrines anarchiques.

Toutes vos déclamations roulent principalement sur la nature réactionnaire et conservatrice de l'Etat, sur sa résistance opiniâtre contre l'initiative du peuple, sur son action compressive opposée à toute espèce de réforme. Selon vous, « le pouvoir ne sait, ne peut, ne veut qu'être réactionnaire. » Mais au 16 avril, il refoule le peuple, il étouffe une manifestation populaire, et vous vous écriez avec un ton d'approbation : Qui oserait le condamner ?

Cependant, si le gouvernement n'est pas condamnable dans cette journée ; s'il a une fois raison de résister au mouvement du peuple, il peut l'avoir cent fois, mille fois, et je vous défie de me dire quand et comment il a tort. Si vous soutenez, comme vous l'avez affirmé, qu'il y avait, dans la journée du 16, des factions usurpatrices ; mais voilà précisément le motif qui sert toujours de raison au pouvoir, quand il veut comprimer les émotions révolutionnaires. A quel signe reconnaîtrez-vous qu'une révolution est légitime ? Voilà ce que vous ignorez, et sur ce point, comme sur tous les autres, votre erreur égale votre embarras. « Montrez-moi, dans ce conflit d'idées qui s'élèvent de toutes parts, faites-moi distinguer dans ce mugissement de la foule ignorante, la vraie volonté du pays, le vrai sentiment du peuple ? »

Je poursuis.

Le gouvernement, toujours signalé par vous comme le fléau du peuple, fut non-seulement au 16 avril le sauveur de l'ordre et de la liberté, en réprimant les manifestations démagogiques ; mais vous trouvez qu'il a agi comme un père sage et éclairé au 15 mai. Sans lui, le peuple se jetait comme un étourdi, un aveugle, dans une guerre européenne, où la démocratie et la liberté eussent été infailliblement vaincues.

Voici ce que vous dites à ce sujet dans les *Confessions d'un révolté,* page 31 :

« Quant à la cause de la Pologne et de la démocratie européenne, que l'on prétendait servir, au 15 mai, par une guerre de propagande ; la vérité est que cette cause eût été plus promptement et plus sûrement perdue par l'intervention que par la paix.

« Admettons que, malgré toutes les difficultés intérieures et extérieures, qui nous mettaient dans l'impuissance de faire la guerre, que *la Commission exécutive et l'Assemblée nationale, obéissant aux inspirations propagandistes* (ou pour mieux dire ne résistant pas aux vœux du peuple), eussent jeté une armée au delà des Alpes et une autre sur le Rhin, qu'elles eussent appuyé, provoqué l'insurrection de la Péninsule, entraîné la démocratie allemande, rallumé le flambeau de la nationalité polonaise, je dis que la question sociale n'était pas résolue ; la révolution, étant partout la même chose que chez nous après février, eût subi le même sort qu'ici, et eût été infailliblement vaincue. »

Comment se serait accomplie cette défection révolutionnaire ? « Par l'ignorance du gouvernement républicain, qui était si misérablement embarrassé de cette formidable question sociale, laquelle ne pouvait, ne devait, ne voulait souffrir aucun ajournement, ni esquiver la solution, qui n'était comprise nulle part. » — « La France, embarrassée dans cette question du prolétariat, ne pouvait donc porter la guerre en quelque lieu que ce fût. »

Après de tels aveux, que deviennent vos déclamations contre l'incurie et l'imprévoyance des gouvernements ? Quelle valeur ont vos intarissables éloges en faveur de l'initiative populaire ? Que doit-on penser de votre admiration de la révolution par en bas ?

« La faute, la très-grande faute du gouvernement provisoire, dites-vous, ne fut pas de n'avoir su édifier, c'est de n'avoir su démolir. » (*Confessions d'un révolté*, page 21.)

Si le gouvernement de Février savait édifier, comment donc se trouvait-il si misérablement embarrassé de cette formidable question, qui n'était résolue nulle part ?

Démolir ! Voilà ce que le gouvernement devait faire ; là était toute la solution du problème. Mais, si le peuple veut déclarer la guerre aux rois, renverser les aristocraties européennes, et fonder la démocratie universelle, vite changeant de langage, vous lui criez : Halte-là ! Puis, ne vous rappelant pas que vous avez posé la démolition de la société comme la condition première de toute réforme, que l'on doit démolir même avant d'avoir songé à construire, vous soutenez « *que la démocratie et la liberté seront in-*

*failliblement vaincues*, si avant d'entreprendre aucune révolution, on n'a une solution complète du nouvel édifice social ! Vit-on jamais plus de contradictions, de maladresse ou de mauvaise foi !

Vous approuvez, vous critiquez ; vous encensez, vous calomniez ; vous affirmez, vous niez ; vous pestez, injuriez, menacez, tonnez, maudissez, damnez. Vous frappez à tort et à travers, sur tout le monde et sur vous-même, sur le bien comme sur le mal. L'innocence et le crime, la vérité et le mensonge, la vertu et le vice, l'égoïsme et la charité, sont tour à tour vos idoles et vos ennemis, et finalement tout ce que vous avez adoré et outragé tombe pêle-mêle, confondu, méconnaissable, sous les coups envenimés de votre parole d'antechrist. En voyant un pareil dévergondage de pensée, en considérant cette épaisse confusion de sophismes et de paradoxes, il serait bien sage de ne jamais faire attention à vous ; mais le fanatisme s'est précipité sur vos pas, les esprits crédules vont se précipiter aveuglément dans l'abîme de vos théories ; il est donc utile de mettre à nu les erreurs monstrueuses que vous avez répandues dans le monde, afin de montrer à vos adeptes de bonne foi quelle est la valeur de votre doctrine, et surtout de leur démontrer à quelle conviction honnête ils ont affaire ; en un mot, il est nécessaire que les proudhonistes consciencieux, qui poursuivent l'idéal d'une liberté absolue, soient placés à même d'apprécier la sincérité de leur guide ; c'est le meilleur moyen de les arracher à votre influence pernicieuse et de les arrêter sur la pente fatale où vous les avez poussés.

Voyons, maintenant, fonctionner le gouvernement anarchique.

« Il faut, dit M. Proudhon, pour rentrer dans la vérité organique, économique et sociale, abolir le cumul constitutionnel, en ôtant à l'Etat la nomination de tous les fonctionnaires aux emplois publics. Désormais, toutes les fonctions seront complétement séparées, et chaque pouvoir aura pour base le suffrage universel. Tous les fonctionnaires, évêques, préfets, juges, commis d'octroi, agents de police, relèveront directement du peuple. Par ce moyen, ajoute, M. Proudhon, la tyrannie sera impossible, le gouvernement sera une simple administration. »

Ce système serait parfait, je l'avoue ; mais il y a un tout petit inconvénient qui le défigure et le rend radicalement nul ; cet inconvénient, c'est la destruction de toute hiérarchie gouvernementale. En effet, en détruisant la hiérarchie des pouvoirs, chaque citoyen est à même de se nommer une administration à sa guise, comme de n'en pas nommer du tout, ce qui revient à dire que tout citoyen sera son propre gouvernement, et ne reconnaîtra plus d'autre autorité que la sienne.

Par exemple, prenez l'armée ; supposez que tous les chefs soient généralement soumis à l'élection démocratique, et que tous les grades soient séparés et indépendants les uns des autres : qu'arriverait-il avec un pareil système ? Rien moins qu'une dissolution complète de l'autorité militaire. D'abord, le colonel, élu par le régiment, n'aurait pas le droit de commander le capitaine, élu par la compagnie ; puis, à son tour, le capitaine n'aurait aucun pouvoir sur le caporal, élu par la sous-division de peloton. Et, comme le simple soldat ne doit, en réalité, d'obéissance qu'au caporal, qui le commande directement, comme, en réalité encore, le colonel n'a d'autorité sur son régiment que par l'intermédiaire des chefs, ses subalternes, qui exécutent ses ordres, il en résulte qu'en l'absence de toute hiérarchie, le simple soldat, jouissant de son droit d'électeur, pourrait dire à son caporal : « Si tu me commandes quelque chose qui ne soit pas de mon goût, je te casse, c'est-à-dire, ne me commande pas du tout. Si donc le caporal n'a point d'ordre à recevoir que de son électeur, son maître, il n'est plus un chef : il n'a plus rien à commander, dès lors sa fonction devient complétement superflue. De même, si le capitaine n'a aucune puissance sur le caporal, sa fonction devient également inutile. Enfin, si le colonel ne peut imposer sa volonté aux capitaines, le régiment, manquant de discipline, se trouve délié de toute soumission ; par conséquent, la fonction de colonel est aussi d'une inutilité absolue. Il est donc clair qu'il n'y a pas d'autorité possible sans hiérarchie. Eh bien ! ce qui arriverait dans l'armée ne manquerait pas d'arriver exactement de la même manière dans l'ordre civil. Car, depuis le président de la République jusqu'au garde champêtre du village, tous les pouvoirs cesseraient d'avoir une signification, le jour où toute l'administration gouvernementale relèverait directement du peuple et cesserait de fonctionner hiérarchiquement.

Aussi M. Proudhon, sentant le vide de sa théorie an-archique, parle de je ne sais quelle centralisation de pouvoir général destiné à relier, sans liens aucuns, les pouvoirs spéciaux, et à former une unité complète. Du reste, voici ce qu'il dit dans ses *Confessions d'un révolutionnaire*, page 61 : « Sans la séparation des pouvoirs, plus de contrôle, plus de responsabilité, plus de liberté ; nous périssons par la dictature. » — « Sans la centralisation, point de force dans le pouvoir, point d'unité dans la république ; nous glissons dans le fédéralisme. » — « Mais avec la centralisation, le gouvernement est en lutte perpétuelle avec la société. » — « Pour sortir du labyrinthe, il faut séparer et centraliser davantage les pouvoirs. » — « Pour qu'une nation se manifeste dans son unité, il faut qu'elle soit centralisée dans sa religion, centralisée dans sa justice, centralisée dans sa force militaire, centralisée dans son commerce, son agriculture, centralisée, en un mot, dans toutes ses fonctions et facultés, et que ces fonctions *soient indépendantes les unes des autres et se gouvernent chacune par elle-même.* » Quel gâchis ! Vouloir l'*unité* nationale et la *séparation* des fonctions *indépendantes les unes des autres*, c'est absolument comme si l'on disait que la tête, l'estomac et les membres seront *séparés*, n'auront plus aucune relation entre eux et ne cesseront pas pour cela de faire *un !* Que le proudhonisme subtilise tant qu'il voudra, jamais il ne pourra échapper à ce dilemme : Ou il y a un pouvoir central unique, et alors tous les pouvoirs spéciaux en dépendent ; ou les pouvoirs spéciaux sont complétement indépendants, et dans ce cas il n'y a pas de pouvoir général. Centralisation absolue, séparation absolue, forment deux termes fatalement exclusifs l'un de l'autre. Si vous voulez les unir, il faut que vous changiez leur caractère absolu en caractère relatif ; mais alors vous constituez l'éclectisme gouvernemental, vous réalisez le constitutionnalisme actuel. — En métaphysique, le relatif et l'absolu se trouvent simultanément dans un même principe, mais, en politique, cela est radicalement impossible.

Si donc, monsieur Proudhon, la centralisation et la séparation absolue, simultanées des pouvoirs est un absurde paradoxe, il est certain que vous ne savez ce que vous dites en parlant de gouvernement an-archique, ou vous êtes un homme de la plus insigne mauvaise foi.

Par exemple, s'il n'y avait en France qu'une fraction du peuple qui fût laboureur, pourrait-on dire que la nation entière est centralisée dans son agriculture ? Et, s'il n'y a également qu'une fraction de la société qui soit industrielle, serait-il vrai d'affirmer que la nation entière est centralisée dans son industrie ? J'en dirai autant de la philosophie, de la religion, et de toutes les fonctions spéciales qui constituent les divers éléments du corps social. Donc, si la *partie* ne peut être le *tout*, comment affirmer que le peuple sera centralisé dans sa fonction agricole, alors qu'il n'y aura qu'une partie du peuple qui remplira cette fonction ? Raisonner ainsi, c'est prendre le contre-pied de la vérité ; c'est faire de la spécialité une généralité.

Cependant, si le peuple doit former un panthéisme social, c'est-à-dire être *tout* en *tous* ; si, enfin, chaque individu doit simultanément exercer toutes les fonctions politiques, économiques et religieuses, il est radicalement contraire au bon sens d'affirmer que les fonctions seront séparées au point d'être tout à fait indépendantes les unes des autres. Est-ce que la société ainsi identifiée, peut se diviser d'avec elle-même ? Est-ce que, par exemple, si je suis cordonnier et jardinier tout à la fois, je pourrai consentir à l'antagonisme de ces deux branches de production ? Ne serai-je pas, au contraire, intéressé à ce qu'elles prospèrent également ? Mais si vous admettez que toutes les professions doivent être comme étrangères entre elles, avouez alors que les individus qui les rempliront seront aussi comme étrangers entre eux. Puis, déclarez nettement que votre prétendue unité nationale sera tout bonnement la pulvérisation du pays. Confessez, enfin, que votre centralisation, loin de présenter l'accord des diverses manifestations de la vie, ne sera qu'un despotisme intolérable, ou un affreux chaos d'éléments hétérogènes se brisant et s'annihilant les uns par les autres.

Voilà pour les fonctions purement économiques.

A présent, si l'on veut réaliser la centralisation religieuse et politique, comme vous n'avez pas de critérium, de certitude qui crée l'unité de croyance et la convergence des volontés, il vous faut le pouvoir doctrinal d'un pape pour diriger les consciences, et l'autorité absolue temporelle d'un roi pour soumettre à la loi les membres de la société. Autrement, si chacun était libre de croire à ce que bon lui semble et de se conduire à sa guise; jamais la centralisation ne serait possible.

Supposez que chaque localité du pays ait la faculté d'élire son préfet, son juge et son curé, comme elle a le pouvoir de nommer son maire, et qu'elle ne doive d'obéissance qu'à ses élus qui auraient action directe sur elle-même. Soyez bien certain qu'il se trouverait autant de schismes et de gouvernements en France qu'il y a de communes. Aussi l'anarchie serait-elle à son comble et déchirerait-elle la société en tous sens. Car, comme il n'y aurait pas de pouvoir général pour régulariser les pouvoirs spéciaux, on verrait le hameau opposé à la commune, la commune au bourg, le bourg à la ville, la ville au département, le département à la province, la province à la nation, la nation aux individus, et les individus s'égorgeraient réciproquement !

Maintenant, admettant que toutes les fonctions publiques conservent leur hiérarchie, tout en relevant directement de l'élection populaire, comme cela se pratique dans la garde nationale, quel sera le rôle du fonctionnaire après son élection ? Évidemment il agira, s'il y a lieu, d'après l'ordre de ses supérieurs, contre les citoyens, ni plus ni moins que s'il ne les connaissait pas. Croit-on alors que la liberté aura gagné à ce mode de pouvoir ? Non, car telle est la nature de la volonté du peuple, du moment qu'elle est l'âme gouvernementale, elle est inflexible et ne connaît pas d'individualité : tout doit se courber sous son joug inexorable. La liberté ne réside donc pas dans l'électivité du pouvoir, pas plus que dans l'hérédité des chefs des nations, mais bien dans la nature de la loi morale qui régira un jour le monde.

Par exemple, que le peuple dise au neveu de l'Empereur ou à Cabet : Gouvernez-moi pour le mieux, j'abandonne ma destinée à votre libre arbitre ; ou que le comte de Chambord, sans consulter personne, s'empare de la France pour la régir selon sa volonté ; en quoi le peuple sera-t-il moins gouverné ? » Maintenant, supposons que la nation fasse ses lois elle-même et que ses représentants ne soient que les simples exécuteurs de ces lois, quel est l'individu qui pourra se soustraire à leur empire, et qui ne sera pas esclave de leur domination ?

Ainsi, si le pouvoir est héréditaire et maître, le peuple est serviteur; si le pouvoir est électif et maître, tant que dure sa gestion le peuple est encore serviteur; enfin, si le pouvoir est électif et serviteur, remplissant la simple fonction d'exécuteur de la volonté populaire, cette volonté ne connaissant pas d'individualité, tous doivent également, comme je viens de le dire, se courber sous son joug inflexible; donc c'est le cas de répéter ici cet axiome : « *Le peuple est maître, qu'il soit esclave!*

Encore une fois, le pouvoir, quel qu'il soit, est, par le fait de son existence, le dominateur ou de la société, ou de l'individualité. Supprimez-le, et vous tombez dans l'anarchie, c'est-à-dire dans le néant de l'humanité.

Poursuivons.

Nous avons vu que M. Proudhon réclame la division du travail ou la séparation des fonctions économiques et leur complète indépendance les unes des autres. Or, si chaque fonction est indépendante, elle est absolue ; si elle est absolue, elle relève uniquement d'elle-même ; si elle relève uniquement d'elle-même, elle se suffit souverainement dans ses besoins ; si elle se suffit souverainement dans ses besoins, toutes relations avec d'autres fonctions lui sont complétement superflues ! Mais, en admettant ce principe, comme chaque fonction n'a qu'une production spéciale, du moment qu'elle ne relèvera uniquement que de son pouvoir personnel, elle se verra nécessairement obligée de consommer ses propres produits. Par conséquent, les tanneurs mangeront du cuir, les maçons des pierres, et les forgerons du fer, etc., etc. D'un autre côté, les cultivateurs laboureront la terre avec leurs ongles, le menuisier sciera ses planches avec ses dents, et le cordonnier coudra ses souliers avec ses genoux, en guise d'alêne.

Vouloir l'indépendance absolue des fonctions sociales, c'est donc nier la solidarité des échanges, et prétendre que tout homme peut se passer complétement de ses semblables, ce qui est impossible ; mais du moment que l'on reconnaît la nécessité qui oblige les membres de l'humanité à échanger réciproquement leurs produits, alors on voit les relations sociales s'établir et les liens de la dépendance se nouer. Et comme il y a opposition d'intérêt entre les divers producteurs, opposition résultant de l'initiative et de la responsabilité individuelle, il est donc indispensable qu'un pouvoir public intervienne entre les individus pour protéger les droits de chacun et leur imposer leurs devoirs mutuels. Or, tant qu'il y aura des intérêts divers dans ce monde, l'autorité sera nécessaire, et il y aura des intérêts divers tant que la raison ne régnera pas à la place de la passion, tant que l'égoïsme n'aura pas été remplacé par le dévouement universel.

D'après les vérités que je viens d'exposer dans cet article, on peut juger que le principe de l'autorité est tellement manifeste, sa logique tellement irrésistible, que ses plus grands ennemis ne peuvent le combattre un seul instant, sans le confesser malgré eux de toute leur énergie ; chaque pas qu'ils font dans la négation gouvernementale est une contradiction qui révèle d'une manière éclatante la nécessité de l'Etat. L'anarchie qu'ils poursuivent est précisément, par sa nature perturbatrice, le vestibule du despotisme. D'ailleurs, qu'est-ce que l'anarchie en elle-même ? C'est un pêle-mêle de tyrannies spontanées des forts sur les faibles, du crime sur l'innocence, de la débauche sur la sagesse, de la brutalité sur la moralité, etc.

Aussi les anarchistes n'osent-ils regarder en face la pratique de leurs doctrines sans reculer d'effroi, et sans demander à grands cris le secours d'une « *autorité supérieure à tout pouvoir et à toute constitution.* » Oui, leur dernier mot aboutit à la réalisation du despotisme qui, alors étant obligé de s'appesantir sur le monde, en raison de la perversité des hommes, devient à son tour un fardeau insupportable. Voilà ce qui explique pourquoi M. Proudhon se jette alternativement dans les deux extrêmes politiques.

Tantôt, réclamant la séparation absolue des fonctions économiques, il tombe dans une pulvérisation sociale qu'il ne peut voir sans trembler ; tantôt, poussé par la réaction que produit en lui un pareil chaos, il se précipite dans une centralisation de pouvoir telle, que toutes les individualités sont absorbées, noyées. Cet ennemi de toute religion ne trouve pas de milieu entre la tyrannie et l'anarchie ; il lui faut absolument l'un de ces deux termes, qu'il exprime par ces mots :

> *Ou point d'autorité,*
> *Ou point de liberté.*

C'est-à-dire ou la tyrannie absolue, ou l'anarchie universelle ; tout un ou tout autre, ou rien du tout.

« Les gouvernements, dit M. Proudhon, sont les fléaux de Dieu pour discipliner les peuples. » Qu'est-ce que cela prouve ? qu'ils sont un mal nécessaire pour en éviter un autre plus grand. L'autorité est au peuple ce que sont les liens à un enfant incapable de se soutenir par lui-même. Otez les liens à l'enfant, donnez la liberté absolue au peuple, et ils périront tous les deux par leur propre faiblesse. Mais, autant l'autorité du père de famille est excellente pour discipliner les enfants, autant le despotisme de la famille leur est fatal. La raison en est bien simple, car le gouvernement de la famille étant forcé de gouverner d'après le principe de l'égalité, nivelle les parties en les soumettant à la règle uniforme de la masse, ce qui alors détruit toutes les grandes individualités qui éclairent. Et comme il est impossible que le niveau égalitaire s'établisse d'après la mesure du *mieux*, attendu que le *pire* ne pourrait l'atteindre, il en résulte que, suivant le principe d'égalité de fait social, reposant sur la négation du mérite, le premier des enfants de la famille humaine devra se modeler sur le dernier. Ainsi, sous l'empire de l'autorité légale, communiste, le néant servirait de modèle à l'homme.

Je conclus donc de ce qui précède, premièrement, que sous le régime communautaire, la société, en niant les individualités, détruit les foyers multiplicateurs et réacteurs de la vie, se nie elle-même.

Deuxièmement, que l'individualité, sous le régime anarchique, niant toute espèce de société, détruit le foyer général où elle puise son principe, sa vie et sa force, se nie également elle-même.

Ainsi, proudhonisme, communisme, sont deux ennemis mortels de l'humanité.

**L'impôt, sous le régime proudhonien, c'est le vol organisé.**

Jusqu'à présent nous avons vu M. Proudhon poursuivre avec acharnement l'abolition de tous les pouvoirs ; mais ici nous allons le voir s'évertuer à démontrer la nécessité de l'Etat avec un zèle, une énergie dignes des plus ardents défenseurs de la monarchie. Cela, du reste, ne doit étonner personne ; un sophiste est capable de tout.

On lit dans la *Voix du Peuple* des 15, 16 et 17 novembre 1849 :

« Le but de l'*Etat, organe suprême de la société*, est premièrement de défendre la patrie contre l'ennemi du dehors ; en second lieu, d'assurer la sécurité au dedans ; enfin, d'exécuter, pour l'avantage de tous, des travaux d'utilité générale que réclament les besoins physiques, industriels et moraux des citoyens.

« C'est à couvrir les frais de cette protection de l'Etat et des travaux qui lui incombent que sert l'impôt.

« L'Etat peut donc et doit être considéré comme une société d'assurance formée par le concours et la cotisation de tous les citoyens pour la *défense de la liberté* au dehors, et le *maintien de l'ordre* au dedans. L'impôt est la prime payée pour cette assurance ; le rôle délivré à chaque contribuable en est la *police*.

« *Pouvez-vous vivre autrement qu'en société?* Pouvez-vous posséder, acquérir en dehors de la société, sans le concours de la société ? *Non.* Par conséquent vous ne pouvez trouver mauvais que l'*Etat*, qui vous protége, vous fasse payer une prime d'assurance.

« La société, dont vous prenez tant à cœur les intérêts, n'est pas autre chose que cette assurance générale de l'Etat. Prétendez-vous vous isoler? En ce cas, ( moi Etat ) je vous abandonne; ma protection vous est retirée, mes tribunaux vous sont fermés. Propriétaires, prenez garde à vous ! »

Propriétaires ! M. Proudhon vous avertit. Que le pouvoir vous refuse sa protection ou qu'il cesse d'exister, dans l'un comme dans l'autre cas vous courrez le risque d'être pillés, incendiés, assassinés. Ainsi, n'ayez plus de doute, car de son propre aveu, quand l'auteur de la Banque du peuple prêche l'anarchie, il n'a pas d'autre intention que de transformer la société en un théâtre de voleurs et d'assassins.

Continuons notre citation du texte sur l'impôt.

« D'abord, ajoute M. Proudhon, par la taxe du capital l'impôt est ramené à une forme unique. L'unité de l'impôt serait le couronnement du grand édifice élevé à la liberté. »

« Il y a deux manières de convertir l'idée du capital, en langage plus pratique, de subordonner le capital au travailleur.

« Ou bien en attaquant le capital dans sa productivité, dans son revenu, par l'organisation d'une circulation gratuite ; ou bien en attaquant le capital directement en lui-même, en lui demandant par voie de l'impôt ou de toute autre manière ( peu importe, tous les moyens sont bons ) une partie de son quantum, ce qui au fond revient non pas à lui faire cesser son revenu, mais à le lui reprendre. En effet, si le taux légal de l'intérêt est 5 pour 100, et que la contribution demandée au capital soit 5 pour 100, il est clair que le capital restera sans revenu, tout comme si, par la concurrence d'une circulation sans intérêt, on tarissait la source même du revenu.

« Annihilation progressive du revenu par le fisc et par le crédit gratuit, par conséquent absorption, transformation, extinction de l'idée du capital : voilà le but du socialisme.

« L'impôt sur le capital est le *complément obligé* du crédit gratuit, c'est la Banque du peuple élevée à sa deuxième puissance.

« La théorie et déjà la pratique démontrent la vérité, la nécessité de cette double loi. Le premier de ces deux mouvements est à l'autre, comme la force centripète est à la force centrifuge, comme l'attraction newtonienne est à l'expansion d'Azaïs. C'est toujours la même loi sous deux formules différentes, mais inverses l'une de l'autre, et qui, par cela même qu'elles sont inverses, sont, en théorie du moins, d'une vérité égale.

« Prenez pour base de l'impôt le capital.

« Aussitôt le capital qui ne circulait pas circule , le capital qu
« dormait se réveille, le capital qui travaillait redouble d'efforts et
« stimule le crédit. Le capital ne peut plus un seul instant rester
« oisif et improductif, sous peine d'être *entamé ;* il est condamné
« à l'activité forcée. Le capital qui était timide s'enhardit , forcé
« qu'il est de périr ou de vaincre. »

« Que voulez-vous, en vérité, que fasse le capital placé entre la
prime d'assurance qui le mord et le crédit de l'Etat qui , par sa
concurrence gratuite, le stérilise ? Le pauvre capitaliste est donc
forcé ou de vendre , ou de manger son capital , ou bien de l'exploiter par lui-même, c'est-à-dire de faire comme tout le monde ,
de travailler. Et comme la mesure du capital exploitable pour
chaque individu varie dans des limites fort étroites, voyez-vous
d'ici peu à peu s'établir *l'égalité des biens et de fortune,* en dépit de
l'inégalité des intelligences , par l'impôt sur le capital , le crédit
gratuit et l'instruction gratuite ? Avions-nous raison de dire , au
commencement de cet article, que l'unité de l'impôt , fondée en
principe , rigoureusement déduite dans ses conséquences , était
cent fois plus radicale que la *loi agraire ?* »

« Au lieu de cela, essayez d'établir, comme le veulent de prétendus révolutionnaires, l'impôt sur le revenu, sans vous occuper
du capital et sans organiser le crédit ; savez-vous ce qu'il arrivera?
c'est que vous produirez la hausse des capitaux, l'élévation de l'intérêt. Vous rendrez l'argent plus rare, vous encouragerez l'usure,
*vous assommerez le travail, vous tuerez la confiance.* Jamais les
détenteurs de capitaux, jamais les juifs, les lombards, les publi-
cains ne firent de plus lucratives affaires ; jamais l'argent ne fut à
un plus haut prix, et la circulation plus difficile qu'au moyen âge,
alors que l'Eglise et l'Etat s'épuisaient en ordonnances et en per-
sécutions contre l'usure et le produit net. Et jamais aussi le peuple
ne fut plus misérable.

« L'impôt sur le capital ne pourrait être considéré comme parfait qu'autant qu'il pourrait se convertir en impôt sur le *revenu.*

« L'impôt sur le revenu serait la confiscation des rentes,
intérêts et fermages, au profit de l'Etat, ou il ne serait rien. Cet
impôt qui semble tout promettre au peuple, qui flatte si fort l'envie
du pauvre, n'est, au fond, qu'une *déception.* (*Voix du Peuple* du
28 janvier 1849.)

« Le Comité des finances (que je considère comme un imbécile) conçoit très-bien la possibilité d'augmenter les impôts, et jusqu'à un certain point, d'en varier les espèces, mais il ne se posera jamais la question de ramener les impôts, qui sont les revenus de l'Etat, à une forme unique. *L'unité de l'impôt, réclamée par le bon sens populaire*, est pour lui la pierre philosophale. » (*Confessions d'un révolutionnaire*, page 51.)

« Quant à *l'unité de l'impôt*, vous ne pouvez pas ignorer qu'elle dépend essentiellement de l'assiette de l'impôt : or, comme l'impôt ne peut, sans une inégalité choquante, être établi sur un seul objet (bien que j'aie soutenu le contraire en demandant qu'on imposât seulement le capital), il en résulte que *l'unité de l'impôt est tout simplement une chimère* (et que je suis un blagueur). Cela est démontré depuis le temps des physiocrates.

« Ce qui est vrai, mais que vous n'avez eu garde de dire, tant les idées vraiment révolutionnaires vous répugnent, c'est que l'impôt sur le capital que l'on a proposé, dans ces derniers temps, de substituer à la plupart des autres impôts et même à *tous*, n'est au fond qu'un procédé transitoire, un instrument d'émancipation et de révolution, excellent pour changer le rapport des fortunes et donner une direction nouvelle à l'activité industrielle, mais incompatible avec l'ordre de choses que la révolution doit créer ; qui, par conséquent, doit disparaître avec les entraves qui pèsent en ce moment sur la circulation des capitaux et des produits. » (*Peuple de 1850, deuxième numéro.*)

En effet, quel excellent moyen qu'un impôt qui dévore le capital pendant que le crédit gratuit le stérilise ! A coup sûr, avec cet admirable procédé transitoire, vous parviendrez aisément à annihiler, à absorber, jusqu'à extinction, l'idée du capital. Il n'y a qu'un seul défaut à ce système, c'est qu'une fois le capital néant, le travail serait obligé de s'exercer dans le vide et de périr d'inanition, faute d'aliment générateur.

Quoi qu'il en soit, examinons si nous ne découvrirons pas dans cette ingénieuse théorie fiscale et économique quelques vérités fécondes, capables de réaliser un Eldorado sur la terre.

D'abord, quand vous voulez faire de l'opposition au *Proscrit*, vous trouvez que *l'unité* de l'impôt est une chimère, pendant que d'un autre côté vous affirmez qu'elle est un excellent moyen transitoire, très-efficace pour dévorer les fortunes au profit du crédit gratuit. Mais comme cette légère contradiction est un agrément de votre esprit, elle n'a aucune importance sérieuse ; passons outre.

Nous savons que *l'impôt unique* est le complément *obligé* du crédit gratuit ; c'est-à-dire que ce crédit ne saurait exister sans être alimenté par l'Etat, qui imposera extraordinairement les capitalistes, afin de les subordonner aux travailleurs. Il est vrai que jusqu'à présent vous avez paru repousser l'intervention de l'Etat, et que vous ne vouliez pas, comme les démagogues, voir en lui un *instrument de révolution* ; mais c'est que ces démagogues avaient une certaine répugnance à faire servir le pouvoir à l'accomplissement des idées vraiment révolutionnaires. Mais du moment que l'*Etat-valet* marchera hardiment dans les voies de l'anarchie, qu'il foulera aux pieds tous les principes du droit, de la morale et de la religion, oh ! alors qu'il soit le bienvenu et vénéré comme le *proviseur* intelligent du peuple anarchiste.

Examinons maintenant la belle pratique de l'unité de l'impôt.

L'Etat, instrument de spoliation au service des travailleurs proudhoniens, commence par dire aux capitalistes qu'ils sont parfaitement libres de faire assurer leurs biens à l'impôt-assurance. Mais en même temps il les prévient : que s'ils ne s'assurent pas, il leur refusera sa protection contre les malfaiteurs de toute espèce auxquels on garantira l'impunité du crime, toutes les fois qu'ils ne dévasteront que les propriétés non assurées : ainsi, les voleurs de profession deviendront désormais les huissiers de l'Etat. D'après ce principe politique, faute d'accepter l'arbitraire de l'impôt, il n'y aura plus, pour les détenteurs de capitaux, ni force publique pour défendre leurs personnes, ni tribunaux pour plaider leurs griefs, ni justice pour soutenir leurs droits.

Avec cette liberté d'un nouveau genre, le riche se trouve placé entre le voleur qui le guette comme une proie, et l'agent fiscal qui lui dit : Livre ton capital à la discrétion de l'impôt, ou je t'abandonne à la merci du premier bandit venu, qui aura le droit de s'emparer de ta femme, de ta fortune et de ta vie même. Là-dessus, le capitaliste, libre comme l'air de choisir l'un des deux genres de supplice qu'on lui propose, se résigne, quoiqu'à regret, à accepter celui qui lui paraît le moins cruel. Ce n'est pas tout, M. Proudhon déclare ironiquement que le capitaliste sera poussé à faire travailler de force ou d'amitié ; car, ajoute-t-il, l'impôt marchant toujours finirait par entamer le capital oisif et même par l'absorber. Ainsi, l'Etat n'a point égard s'il y a baisse dans les affaires, ni si vous êtes sans commandes ou sans certitude de débouchés : que lui importent les difficultés de votre situation ? cela ne le regarde pas ! Arrangez-vous comme vous voudrez, il faut que votre bien soit dévoré, ou par la prime-assurance, ou par une fabrication rendue stérile, à cause du défaut de circulation.

D'un autre côté, comme M. Proudhon a soin de le faire remarquer, celui qui posséderait un capital au delà de ce qu'il pourrait exploiter personnellement, se verrait forcé d'occuper des ouvriers; mais comme ceux-ci seraient crédités gratuitement par l'État, ils deviendraient naturellement exigeants, et ne voudraient travailler qu'à des conditions ruineuses pour les capitalistes. Ainsi le capital se trouverait menacé par trois dangers inévitables; ce sont : les voleurs, l'impôt et le salaire. Le premier lui dirait : Si tu es rebelle au fisc, je te tue ; le deuxième : Si tu te soumets à ma loi, je t'assomme ; le troisième : Si tu réclames mes services, je t'étrangle. Il est clair que le capital, en se trouvant assailli par ces trois éléments anarchiques, n'aurait plus d'existence possible. Le plus sage parti à prendre pour tout homme vraiment raisonnable, serait de ne jamais faire aucune épargne, puisqu'en épargnant il s'exposerait, en définitive, à être sacrifié par toutes les iniquités surgissant des quatre points de l'horizon social.

L'impôt unique, force centripète, augmenterait en raison de l'avidité insatiable du crédit gratuit, force centrifuge. Chaque propriétaire serait chargé du fardeau fiscal dans les proportions de la diminution des capitalistes que l'impôt décimerait, ou dans les proportions de l'augmentation de fainéants que le crédit gratuit générerait. Le capital, donnant toujours et ne recevant jamais rien, finirait bientôt par s'épuiser complétement. L'État alors, n'ayant plus aucun lieu d'où il pût tirer ses moyens d'existence, périrait le jour même où le capital cesserait de vivre. La chute de l'un entraînerait invinciblement la chute de l'autre.

Ainsi l'unité de l'impôt, par cela seul qu'elle n'impose aucune taxe au travail, est une déclaration de guerre à mort au principe d'autorité, une persécution aveugle contre l'épargne, la sagesse et l'esprit d'ordre et de conservation.

La prime-assurance de Girardo-Proudhon, c'est pour l'homme économe et laborieux, la garantie d'être sacrifié à tous les vices de la société. C'est l'éloge de la dissipation, l'apologie de l'immoralité, la glorification de la débauche, l'apothéose de tous les crimes! Sous son empire, les seuls titres recommandables à la sollicitude de l'État sont les sept péchés capitaux avec toutes leurs légions d'infirmités physiques et morales. Voilà le radicalisme fiscal de M. Proudhon, « *il est cent fois pire que la loi agraire.* »

Que l'on juge maintenant de la fameuse conquête que le socialisme a faite, le jour où le rédacteur en chef de la *Presse* a passé dans ses rangs. Combien le proudhonisme doit se trouver heureux d'avoir un pareil auxiliaire ! Dieu ! quel puissant génie que ce M. Girardin ! C'est celui-là qui est un terrible logicien ; je crois, ma parole d'honneur, qu'il est dans le cas de rendre des points à M. Proudhon, pour le bel accord de ses idées. Mais qui donc n'a pas entendu parler de sa magnifique théorie sur le droit au travail ? Ah ! qu'il me tarde de rendre une visite à cet arlequin politique, et de l'admirer dans la grandeur inimaginable de ses conceptions ! Non, jamais le peuple n'aura assez de reconnaissance pour son nouveau libérateur. Encore un Girardin, et c'en est fait du vieux monde ! En attendant que nous ayons l'avantage de nous occuper de cet éminent écrivain caméléoniste, nous allons continuer notre critique du proudhonisme.

### Absurdité de la loi agraire.

Nous venons de voir que M. Proudhon se réjouit fort de ce que l'impôt unique est cent fois plus radical que la loi agraire. Aussi son idéal favori est-il le partage égal des biens.

Cependant, par une contradiction qui ne se rencontre que chez les anarchistes, le voilà qui prêche positivement la communauté. « Je demande, dit-il, que la terre soit donnée aux laboureurs pour rien par l'association. » — « J'affirme que la révolution de Février est une révolution de fusion et de solidarité. » — « Le temps approche, où le crédit centralisé et toutes les forces travailleuses réunies excommunieront la propriété. » (*Peuple* du 21 novembre 1849.)

« Je nie, au point de vue supérieur du droit et de la destinée humaine, toute espèce de domaine propriétaire. Je le nie précisément parce que je crois à un ordre social où les instruments de travail, de choses *appropriées*, deviendront choses *attribuées* ; où la terre *entière* sera *dépersonnalisée*. Toute fonction étant devenue solidaire, l'unité et la personnalité sociale pourront se produire en même temps que la personnalité individuelle. » (*Voix du Peuple*, 13 décembre 1849.) Après de telles paroles, l'auteur de la Banque du peuple n'a plus rien à envier à l'Icarie.

Mais, voici le revers de la médaille :

« Est-il clair qu'une des plus grandes œuvres de notre siècle sera une *révolution agraire*, opérée en conséquence des idées de 89, et, par cette raison même, en opposition des idées babouvistes et communistes ? Et si la tendance la plus authentique du pays, en ce qui concerne le travail agricole, est la négation absolue des théories *d'association* actuellement en vogue , est-il possible que ces théories reçoivent leur application dans le travail industriel ?

« Le paysan, réactionnaire en juin 1848, après les prédications du Luxembourg, réactionnaire encore au 10 décembre, tant qu'il a cru que la révolution avait pour but de rendre les terres communes, devint révolutionnaire le jour où le comité de la rue de Poitiers lui apprit que le socialisme c'était le *partage des biens*. Ce jour-là, le paysan fut conquis à la révolution ; il devint l'espoir de la démocratie, la terreur de l'absolutisme. En effet, ce que demande le paysan c'est la terre, la propriété qui réalise la liberté, et le *chacun chez soi et le chacun pour soi*. Le paysan est le moins communiste du monde, j'ai presque dit le moins sociable des hommes. »

Il est inutile que nous fassions ressortir les contradictions choquantes entre l'opinion que M. Proudhon avait en 1849, et celle qu'il professe actuellement. Nous nous bornerons à réfuter cette dernière, parce que, selon les rédacteurs du *Peuple de* 1850, « la théorie du crédit gratuit, de l'anarchie et de l'agrariat, fait d'assez rapides progrès, pour que bientôt, non-seulement la montagne tout entière, mais le *Républicain du Nord*, aussi bien que beaucoup d'autres, s'empressent d'y adhérer. »

Ainsi, c'est bien la réalisation de la loi agraire que M. Proudhon poursuit, c'est bien le partage des propriétés qui est le but final de sa théorie.

Or, qu'est-ce que l'agrairien campagnard ? Voici comment l'auteur de la Banque du peuple l'apprécie :

« Au vote du 10 décembre, dit M. Proudhon, tous les paysans qui ont voté pour le neveu de l'Empereur (dans le but de raffermir l'ordre et de ramener la confiance), étaient des insensés ivres de fanatisme impérial, des superstitieux de la monarchie, des brutes propres à faire des esclaves. » Cependant, si ces mêmes paysans veulent partager les terres, incendier les titres de propriété, oh ! alors, ils ne sont plus des instruments aveugles de servitude, mais bien de grands révolutionnaires dignes du siècle ; ce ne sont plus des serfs de la propriété, mais bien des hommes de liberté et de lumière, élevés à la hauteur de la science économique. Enfin, ce ne sont plus des superstitieux ivres de fanatisme impérial, mais bien les libérateurs de la société. La démocratie, étonnée de l'esprit d'indépendance qui anime les paysans, tourne des regards d'espérance vers eux, tandis qu'au contraire l'absolutisme ne peut voir leur belle conversion, sans éprouver un mouvement d'effroi. Et voyez ce qu'est en réalité le partageux selon M. Proudhon. C'est une espèce d'ours, le moins *sociable* des hommes; c'est l'égoïsme personnifié du sauvage, recherchant le *chacun pour soi et le chacun chez soi*, pour dévorer sa proie dans l'isolement. C'est une espèce de bête fauve qui, obéissant à ses instincts brutaux, *anti-sociables*, est poussée à se ruer sur les biens d'autrui pour se les approprier avec la violence d'un animal. C'est enfin un égoïste stupide qui, après avoir enfoui dans la solitude les fruits de ses rapines, méconnaît tous les principes de la solidarité morale, en refusant d'aider ses semblables tombés dans le malheur. Voilà le beau type qui ravit d'admiration l'apôtre de la loi agraire. Il faut avouer que si *«la plus grande œuvre de notre siècle»* consiste à réaliser l'empire de ce personnage monstrueux, il ne nous reste plus qu'à maudire le progrès révolutionnaire conduisant à des aberrations aussi révoltantes.

Constatons maintenant l'impossibilité d u partage égal des biens.

Supposant un instant qu'une révolution exterminatrice fasse table rase de la société actuelle, et que le proudhonisme soit appelé à jeter les bases d'un nouveau monde. Il commencerait d'abord par proclamer l'égalité absolue des hommes dans la distribution des produits de la nature et des richesses acquises par la civilisation. On donnerait donc à chaque individu une part égale de biens naturels et de biens créés par l'industrie. Dans l'exécution de ce partage universel, tout privilége devrait être exclu, aucune faveur ne pourrait être admise, et toute préférence personnelle serait rigoureusement bannie, car la moindre distinction soulèverait des récriminations de toutes parts, et amènerait infailliblement des conflits déplorables. Pour éviter ce péril, l'égalité, la rigoureuse égalité serait là avec sa balance et son niveau, présidant à la grande opération agrairienne. Eh bien! s'il fut jamais une utopie absurde, irréalisable, c'est précisément celle-là. Voilà ce que nous allons démontrer.

Il est un fait certain, constaté par l'expérience, c'est que le sol, à sa surface, se divise en parties inégalement avantageuses. Tel terrain ne produit que 2 pour 100 et moins, tel autre produit 5

pour 100 et plus. Il est des terres qui ne se vendent que 200 fr.,
l'arpent et au-dessous, tandis que d'autres se vendent jusqu'à
3,000 fr.

Or, en donnant à chaque individu une valeur de terre de 1,200 f.
je suppose, celui qui tomberait à partager dans les terrains de
meilleure qualité n'aurait de surface que trois quarts d'arpent;
celui, au contraire, qui partagerait dans les terrains de qualités
inférieures aurait six arpents. Donc, l'homme auquel serait échue
une terre ingrate se verrait forcé de travailler plus des trois quarts
de sa journée pour vivre, tandis que l'individu qui aurait une
terre fertile vivrait largement avec trois ou quatre heures de travail par jour. Ainsi, si la valeur terrienne, avec ses diversités, est
égale comme fonds proportionnel, elle ne l'est pas comme revenu,
et réciproquement. Maintenant, si l'on voulait compenser le défaut de qualité par une augmentation de quantité, on constituerait
fatalement le privilége du travail pour les uns au préjudice des
autres, car le cultivateur qui aurait la qualité, manquerait de
quantité suffisante pour s'occuper et vivre; celui, au contraire,
qui aurait la quantité posséderait une étendue de terre au delà de
ses besoins de travail et de consommation. Ainsi, ou inégalité de
valeur ou inégalité de revenu, ce qui veut dire que l'égalité de
peine produit l'inégalité de revenu; ou que l'égalité de revenu nécessite l'inégalité de peine. Voilà le principe qui toujours ferait des
mécontents et qui implique que la loi agraire porte en elle des
tempêtes sinistres.

Mais si l'on suppose, comme le prétendent certains économis-
tes, que tout pays possède, malgré la diversité de son sol, une
valeur égale relative ou égalité proportionnelle ; qu'il suffit de
donner à chaque terrain les végétaux qui conviennent à sa nature
pour obtenir partout, avec la même quantité de travail et de dé-
boursé, une égalité de produits ; dans ce cas on reconnaît la nécessité de diviser le sol, c'est-à-dire de spécialiser les diverses pro-
ductions de l'agriculture. Eh bien! indépendamment de ce que le
morcellement agrairien rend impossible la division agricole, attendu que chaque cultivateur, dans son isolement, serait trop pauvre pour donner à sa terre ce qui lui conviendrait, il est clair
que, supposer cette division réelle, c'est poser en principe la nécessité des échanges, c'est admettre que tous les divers producteurs de
la campagne ont tous réciproquement besoin les uns des autres et
doivent dépendre du commerce. Or, je le demande, quel est le

misérable partageux qui ne deviendrait pas immédiatement l'esclave des détenteurs du numéraire indispensable à la circulation des différents produits de la terre? Je ne signale ici que des faits purement économiques, qui prouvent déjà suffisamment l'impossibilité de la loi agraire tant aimée des paysans, au dire de M. Proudhon ; mais si l'on ajoute à cette impossibilité toutes les causes d'inégalités morales et physiques, tous les vices, toutes les infirmités de notre espèce, on verra qu'il faut être fou pour avoir seulement la pensée de proposer l'essai d'un pareil régime.

L'industrie offre encore beaucoup plus de difficultés à la réalisation de la théorie agrairienne que l'agriculture. D'abord, tout ce qu'il y a de riche dans la civilisation, et qui ne peut être partagé sans perdre sa valeur, devra disparaître du monde. Ainsi, pour vivre sous le régime égalitaire il faut, avant tout, que chaque citoyen adore la pauvreté. Ce n'est pas tout; comment maintenan généraliser l'égalité de travail quand, avec une valeur donnée de capital telle profession pourrait s'établir aisément, tandis que, dans telle autre profession, le même capital ne suffirait pas à acquérir le tiers de ce qu'il lui faudrait pour marcher? Par exemple : les raccommodeurs de casseroles, les fabricants de bonne aventure, les marchands de cirage, etc., pourraient facilement poursuivre leur carrière avec un billet de 1,000 fr. et avec beaucoup moins. Mais les armateurs, les manufacturiers, les entrepreneurs de la grande industrie, etc., qui ont besoin d'appareils gigantesques, d'usines, de fabriques, etc.; ceux-ci, certainement, ne pourraient rien faire avec leur fortune agrairienne. Et puis, qui donc, sous ce régime d'isolement, exécuterait les travaux publics, indispensables à une nation, alors qu'il n'y aurait plus d'Etat? Mais si l'on admet l'existence de l'Etat, comment supposer une puissance unitaire, générale, disposant de tous les éléments de la force, régissant des individualités isolées, sans qu'à l'instant même elle les asservisse universellement? Qui pourrait résister à sa domination quand chaque individu, renfermé dans sa solitude, se trouverait réduit à sa propre faiblesse? Donnerait-on les travaux publics à exécuter à des compagnies, afin de se passer du gouvernement? Qui ne voit alors que ces compagnies formeraient une corporation industrielle dont le pouvoir serait tout aussi dangereux pour les agrairiens que celui de l'Etat?

D'ailleurs, du moment qu'une société a besoin de routes, ponts et chaussées, canaux, chemins de fer, etc., cela suppose forcément une administration gouvernementale qui oblige les citoyens à payer des contributions indispensables à la création et à l'entretien de ces travaux publics. D'après cette vérité, il est clair que la société agrairienne ne pourrait exister sans gouvernement. Or, le gouvernement est la négation de la loi agraire. D'un autre côté, l'industrie a aussi ses divisions de travail, lesquelles nécessitent l'échange des produits, et par conséquent la circulation d'un numéraire qui ne manquerait pas, par ses priviléges, de centraliser de nouveau les biens partagés. Enfin, comme je l'ai démontré plus haut, la nécessité des échanges implique des relations d'intérêt; ces relations étant opposées nécessitent l'existence d'un pouvoir général, intermédiaire, régulateur; l'existence d'un tel pouvoir, impliquant l'unité, est la négation du morcellement agrairien. Ainsi, de quelque manière qu'on envisage la loi agraire, on voit qu'elle est, radicalement impossible, et que le jour où on tenterait de l'établir, elle se détruirait elle-même, soit en niant l'humanité, soit en rétablissant immédiatement la société telle qu'elle est aujourd'hui, ou la communauté, telle que l'a rêvée M. Cabet; car enfin, ou les agrairiens échangeraient leurs produits et alors il leur faudrait des centres financiers, commerciaux, industriels et agricoles, ce qui détruit absolument le régime égalitaire morcelé; ou ils n'échangeraient rien, et, dans ce cas, les sciences, les arts et l'industrie devenant impossibles, l'homme serait forcé de manger des racines et des glands, il se couvrirait de peaux de bêtes et se logerait dans les tannières comme les animaux sauvages. Alors l'intelligence n'ayant plus aucune raison, cesserait bientôt d'habiter la terre; l'humanité ne serait plus. « La loi agraire supprime tant d'idées, tant de choses, tant de principes et tant de faits; qu'elle ne laisse plus rien qui rappelle la notion de l'homme. »

M. Proudhon prétendit qu'il ferait sortir le monde futur du néant; puis, sans prendre garde à ce qu'il venait de dire, ils soutint que la loi agraire devait être la fille nécessaire ou naturelle de la civilisation, comme si un monde pouvait être créé de rien et naître de quelque chose tout à la fois. Ce chaos qui règne dans l'intelligence du proudhonisme prouve assez que l'auteur de la Banque du peuple résume en lui, non l'anarchie génésiarque, de laquelle sortent le mouvement et la vie, mais bien l'anarchie dissolvante, où la fermentation cadavéreuse des éléments délétères frappe de mort tout ce qui vit et respire.

### Du mutuel échange. Comment il se distingue du crédit.

Personne ne voudrait soutenir que l'agriculture et l'industrie puissent exister si chacun de ces deux termes économiques n'avait ses divisions de fonctions, et si toutes les fonctions n'étaient reliées entre elles par un échange réciproque. L'échange est donc le lien universel qui unit toutes les spécialités de l'activité sociale. Agriculture, échange, industrie, forment nécessairement une trinité, et c'est l'échange qui est le terme unificateur de cette trinité. Mais l'échange ne peut être immédiat entre les diverses branches de production, c'est pourquoi il se transforme en commerce, principe intermédiaire des transactions humaines. Voici comment j'ai démontré, ailleurs, l'impossibilité de l'échange immédiat.

« Trois causes rendent impossible l'échange direct entre le producteur et le consommateur.

« La première repose sur l'éloignement des différents produits du monde. On doit comprendre que personne en particulier ne pourrait tous les jours aller chercher lui-même à trois ou quatre mille lieues d'ici les denrées dont il a besoin.

« La deuxième a sa source dans la disproportion de la valeur des objets. Comment, par exemple, serait-il possible qu'un propriétaire changeât un morceau de sa maison pour un hareng saur, ou qu'un fabricant d'allumettes chimiques troquât sa marchandise contre celle d'un orfévre ?

« La troisième tient à la contradiction qui existe entre les professions et les besoins domestiques. N'est-il pas certain que le chiffonnier trouverait difficilement à échanger sa vieille ferraille et ses chiffons pour des confitures, et que le dentiste serait très-embarrassé si le corroyeur payait l'extraction de ses dents avec des peaux ? »

« Ces difficultés ne peuvent être résolues que par le commerce, principe intermédiaire, réservoir universel placé entre la production et la consommation, où chacun apporte les produits de son industrie et vient y puiser en échange ce dont il a besoin. »

Or, comme le commerce ne peut se faire sans numéraire, argent ou papier, peu importe, et qu'il implique bénéfice pour le commerçant, il en résulte qu'il est le principe donnant naissance à la centralisation des fortunes.

En remontant à l'origine des sociétés, on verra que l'industrie fut la première manifestation de l'intelligence humaine. L'homme commença par faire un arc pour abattre sa proie et une bêche pour cultiver son champ. Ainsi, les premiers produits agricoles durent évidemment leur naissance aux produits industriels ; mais les produits de toute nature ne purent s'échanger que par le commerce ; mais le commerce, à son tour, ne pouvait avoir lieu que par le numéraire. Ainsi, en suivant la chaîne logique par laquelle les éléments de l'économie se trouvent unis, on reconnaît que l'agriculture est subordonnée à l'industrie, que l'industrie est subordonnée au commerce, et que le commerce est subordonné au numéraire. Le banquier est donc l'arbitre du monde économique, le moteur principal de la circulation agricole, commerciale et industrielle. Arrangez-vous comme vous voudrez, tant que dans une société le numéraire sera indispensable, qu'il soit en plâtre ou en caoutchouc (la qualité n'y fait rien), vous serez obligés de reconnaître la domination de la banque, car c'est elle qui réalise le principe de l'activité sociale. Détruisez l'empire de la banque sans rétablir l'autorité monarchique des premiers âges, ou la communauté prêchée par Cabet, et à l'instant même le monde est frappé d'une paralysie mortelle. Ainsi, ou despotisme monarchique, ou despotisme capitaliste, ou despotisme communiste, ou enfin anarchie, chaos, mort et néant.

Distinguons maintenant la nature de l'échange et du crédit.

Les proudhonistes intitulent leur banque démocratique, *banque de mutuel échange et de crédit gratuit*. Or, il y a évidemment dans ce titre une contradiction manifeste. Quoique l'échange et le crédit soient au fond identiques, ils se distinguent essentiellement par leurs formes.

Par l'échange simple, on entend le troc simultané de deux valeurs égales : vous me donnez un pantalon de 18 fr., je vous rends aussitôt une paire de bottes du même prix ; le service étant justement réciproque, aucun de nous deux n'a le droit de bénéficier sur son semblable. Mais il n'en est pas de même du crédit. Le crédit, c'est l'échange à terme successif de deux valeurs égales en principe ; mais comme le crédité reçoit aujourd'hui une avance qu'il ne rendra que dans un an, et que cette avance lui permet de travailler et de vivre, s'il est ouvrier, ou de faire des affaires avantageuses, s'il est entrepreneur ou commerçant, il est bien naturel qu'il paye une indemnité au capitaliste qui lui a rendu un service réel. S'il refusait, il détruirait les motifs du crédit, il arrêterait la circulation alors que la concurrence fait une loi à chaque capitaliste de bénéficier sur son capital, afin de se garantir contre les pertes auxquelles il est exposé [1]. En niant l'intérêt sous le régime individualiste, celui qui a besoin ne trouverait donc plus personne qui voulût lui prêter, et par conséquent il se mettrait dans l'impossibilité d'exister.

Les proudhonistes prétendent qu'avec la création d'un papier-monnaie, ils pourront faire concurrence au capitaliste et créditer pour rien. Mais jamais on ne vit une conception plus absurde ; car enfin, ou ce papier représentera la propriété, et alors il sera absorbé par elle, et le pauvre n'en profitera nullement ; ou il ne représentera rien, et dans ce cas personne n'en voudra. Voilà ce qui va être démontré dans le chapitre suivant.

**Le crédit appliqué tour à tour par les trois principes de l'autorité.**

Nous avons vu, en traitant la question de l'autorité, que l'économie sociale était moulée selon la forme politique qui la régissait.

Supposons donc, pour un instant, que tout le numéraire métallique de la France soit complétement anéanti ; il faudrait nécessairement le remplacer par le papier-monnaie, et l'émission de ce papier appartiendrait logiquement de droit au pouvoir dominant, lequel déterminerait lui-même la quantité de billets qu'il devrait mettre en circulation.

[1] Dans le principe, le capital n'a de valeur positive que par le crédit qu'il fait au travail. C'est par les mains de l'ouvrier que le capital se convertit au gré des besoins du capitaliste, ce qui a donné lieu à ce proverbe : Que serait le riche sans le pauvre ? Rien. Mais, à son tour, le travail étant impuissant quand le capital lui fait défaut, on a dit avec raison : Que serait le pauvre sans le riche ? Rien. Sans le travail qui le vivifie, le capital n'a de prix ni comme instrument de production, car il est incapable d'agir par lui-même, ni comme économie ou denrée consommable, car il se détériore et périt par le temps, la rouille et les vers. Le propriétaire ne pouvant conserver sa propriété que par le moyen du prêt qui la convertit, la renouvelle en la faisant fructifier, reçoit donc un service incontestable de son débiteur. Mais celui-ci, trouvant dans le crédit le moyen de travailler et de vivre plus avantageusement qu'avec les simples ressources de l'idée pure et de la nature brute, reçoit également un service réel de son créancier. Entre le prêteur qui génère le travail et l'emprunteur qui le régénère, entre celui qui donne naissance à une valeur et celui qui la conserve en la transformant, il y a égalité absolue de

Eh bien ! nous allons voir que des trois modes de crédit : monarchique, constitutionnel et démocratique, c'est précisément ce dernier, dont M. Proudhon s'est fait l'apôtre, qui est radicalement impossible. Si l'autorité était monarchique absolue, la somme totale du nouveau numéraire émis appartiendrait de fait au roi, car lui seul serait l'arbitre du crédit.

Il prêterait donc son capital-papier au prix qu'il jugerait convenable ; l'intérêt, la rente s'élèverait ou baisserait selon sa volonté. Et comme il serait intéressé à ce que l'activité économique marche vigoureusement, il ne pourrait garder son capital dans ses bureaux ; mais, d'un autre côté, comme il serait sollicité à conserver ses prérogatives financières, inséparables de ses prérogatives royales, il s'arrangerait en sorte que, par l'élévation de la rente, les propriétés de ses sujets fussent toujours hypothéquées par son crédit. De manière que les entrepreneurs, les commerçants, les industriels ne seraient en réalité que ses fermiers, ses agents d'affaires, ses commis, etc. La noblesse formerait une hiérarchie d'intendants royaux, et le peuple, un troupeau de travailleurs inféodés au domaine monarchique.

Maintenant, si l'autorité était constitutionnelle, ce seraient les propriétaires qui auraient exclusivement le droit de fonder une banque de crédit. Or, le papier-monnaie n'ayant pas, comme l'argent, une valeur intrinsèque jointe à sa valeur fictive, ne pourrait circuler qu'à la condition de représenter des garanties solides.

services ; par conséquent, envisagée sous ce point de vue, la rente n'a pas de raison, et chacun devrait avoir intégralement ce qu'il a produit. Mais si l'on considère la responsabilité individuelle se trouvant en présence de l'antagonisme des intérêts, il est certain que la rente est nécessaire pour couvrir cette responsabilité. D'ailleurs, la responsabilité de l'individu, en consacrant forcément le *chacun pour soi*, substitue logiquement la raison de la force à la raison de la justice, ce qui légitime, tant que la propriété est nécessaire, les priviléges capitalistes.

Si maintenant on remplaçait constitutionnellement la responsabilité personnelle par la responsabilité sociale, le *chacun pour tous* deviendrait légalement obligatoire ; dès lors, il perdrait son caractère moral en contraignant les individus à devenir la chose de la société ; en un mot, il sanctionnerait les priviléges de la communauté par la négation de la propriété et du droit personnel.

Ainsi, en dehors de l'ordre religieux dans lequel Dieu et la conscience président aux actions humaines, il se produit toujours l'un de ces deux abus : ou l'individu dévore la société, ou la société dévore l'individu. Jamais on ne peut éviter un mal, sans tomber aussitôt dans un autre non moins grand.

Autrement, toute émission de billets dont le chiffre dépasserait la quantité des biens positifs du pays se trouverait dans l'impossibilité de servir aux transactions sociales, car tout papier-monnaie qui ne correspond à aucune valeur réelle n'est qu'un chiffon complétement insignifiant.

Je suppose donc que les représentants du crédit émettent trente ou quarante milliards de bons de circulation ; à peine auraient-ils été déposés dans les bureaux de la banque constitutionnelle, qu'ils partiraient aussitôt pour être distribués à chaque propriétaire selon les garanties qu'il pourrait fournir. Il résulte de ceci que le jour même de son émission la banque n'aurait plus un centime à sa disposition, attendu que ce n'est pas elle qui crédite, mais bien le propriétaire qui se crédite lui-même par son intermédiaire. La banque n'est instituée que pour remplir la fonction d'agent central en nom collectif ; elle est là pour contrôler le papier-monnaie, afin de prévenir toute fausse création de numéraire et pour prendre hypothèque sur les propriétés créditées. Certes, dans l'établissement d'une pareille institution l'ouvrier n'a rien à voir, et n'en continuerait pas moins à être le salarié de la fortune, après comme avant la fondation du crédit constitutionnel.

Comme le propriétaire se créditerait lui-même, le crédit, à son origine, serait naturellement gratuit. Or, du moment qu'il n'y a pas d'intérêt dans le prêt d'un capital fictif, son échéance ou son remboursement ne peut avoir de termes possibles. Il suffit que le crédité conserve toujours ses titres de solvabilité pour qu'il ait le droit de conserver indéfiniment les avances qu'on lui aurait faites. Ainsi, le crédit alloué par la banque équivaudrait donc, non à un don absolu, mais à un don relatif aussi durable que l'existence des garanties données par le propriétaire. Et il n'en pourrait être autrement ; car si la banque pouvait refuser ou limiter le crédit à la première personne venue, bien que cette personne offrît des titres de solvabilité, alors le crédit ne serait nullement constitutionnel, il serait arbitraire et n'aurait pas pour but de faciliter les transactions agricoles, commerciales et industrielles. Le crédit serait donc pour la propriété, où il ne serait pas.

Cela posé, admettons que le papier circule, que les affaires reprennent, que le travail abonde de toutes parts ; maintenant, je vous le demande, croyez-vous qu'il suffise que le propriétaire ait beaucoup de billets dans son portefeuille pour qu'il loue sa terre ou sa maison pour rien ? Pensez-vous que l'industriel, parce qu'il

pourrait facilement se procurer du numéraire, serait disposé à occuper des ouvriers sans faire aucun bénéfice sur eux ? Avez-vous la
foi que le commerçant, auquel la Banque ouvrirait un crédit facile, ferait son commerce uniquement pour le plaisir de com-
mercer ? Non.

Eh bien ! précisément, comme le principe qui donne naissance
à *l'exploitation de l'homme par l'homme* conserverait toute sa
force et sa plénitude, vous allez voir que le crédit central collectif
se transformerait en un crédit central individuel, exactement
comme aujourd'hui. Tel est l'antagonisme de l'individualité et de
la société ; il engendre fatalement la domination de l'une sur
l'autre, et l'absorption du plus faible par le plus fort.

On peut donc affirmer avec certitude, que la centralisation individuelle des capitaux est la négation de leur centralisation générale, et réciproquement. Mais l'absorption de la masse par l'individu
a de bien moins graves conséquences que l'absorption de l'individu par la masse ; voilà ce que nous verrons tout à l'heure. Mais,
auparavant, constatons comment la banque constitutionnelle disparaîtrait.

Dans tous les temps, le capital numérique fut hostile au capital
en nature ; ce sont deux éléments antagonistes qui tendent à se
vaincre et à s'absorber réciproquement. Ainsi, quand le numéraire est rare, la propriété baisse de prix ; quand il est commun,
elle augmente dans les mêmes proportions. Le numéraire et la propriété forment entre eux un thermomètre économique, de telle
sorte que le premier ne saurait monter sans obliger le second à
descendre, et *vice versa*. Mais, comme je viens de le dire, ces deux
éléments, dans le combat qu'ils se livrent, ont pour but de s'absorber réciproquement, de sorte que le plus fort s'assimile le plus
faible, c'est-à-dire que le vainqueur devient à la fois capitaliste et
propriétaire.

La cause qui rend la propriété souveraine, quand le numéraire
est commun, est bien simple. En effet, que le cultivateur et le cordonnier aient des montagnes de billets de banque ou des monceaux
d'or auprès d'eux, la charrue de l'un en sera-t-elle moins lourde,
et les souliers de l'autre coûteront-ils moins de peine à faire ? Non.
Que le public soit inondé de finances ou ne le soit pas, pourrat-il se passer de pain et de chaussures, plutôt dans le premier cas
que dans le deuxième ? Non. Donc, si le travail renferme en lui
un coût de temps et de peine que le numéraire ne saurait mo-

difier, si le consommateur a des besoins que la quantité d'or ou de papier-monnaie ne saurait diminuer. Evidemment, le produit consommable exprime par lui-même une valeur intrinsèque qui ne peut varier dans ses rapports avec le capital. Quand je dis que les valeurs agricoles et industrielles baissent de prix, alors que le numéraire devient rare, j'affirme seulement une idée de subordination, et non une idée de réduction dans l'intégralité des valeurs. En effet, que la propriété soit en haut ou en bas du thermomètre économique, rien ne change dans sa nécessité, ni dans son prix efficient. Or, comme le mouvement économique consiste en réalité à changer du travail contre du travail, ou, en d'autres termes, des produits contre des produits, il faut nécessairement que le numéraire représente avec fidélité des valeurs positives, afin qu'il soit toujours dans les mains de ses détenteurs la certitude d'un bien échangeable contre du travail. Par conséquent, plus la monnaie est abondante, plus elle accélère rapidement la circulation des produits, ou, pour mieux dire, plus elle fait rechercher avec empressement la main-d'œuvre et nécessite l'élévation des salaires. En effet, on ne peut admettre que les commandes de travail abondent et que la rétribution du travail reste toujours la même; ce serait prétendre que la consommation sollicite, presse, active la production, et que néanmoins celle-ci est très-embarrassée de placer ses valeurs consommables, et qu'enfin elle n'a que faire des bras des travailleurs, ce qui serait une absurdité. La cause qui rend inévitable l'élévation des salaires dans les proportions de l'abondance de la monnaie, est rigoureuse comme un point mathématique : c'est la nécessité de l'existence de l'ouvrier. Si celui-ci, règle générale, ne pouvait à peu près racheter la moitié de ses produits, il ne pourrait vivre ; s'il ne pouvait vivre, l'économie manquant de son principal agent ne saurait subsister. Donc, je suppose qu'une multitude de riches Californiens viennent habiter Paris, et que par leur grande consommation, ils fassent monter le prix des denrées à un chiffre vingt fois plus élevé qu'il ne l'est aujourd'hui; il serait absolument nécessaire que l'ouvrier gagnât vingt fois plus qu'il ne gagne actuellement, autrement, comme je viens de le dire, l'ouvrier, ne pouvant racheter de quoi conserver son existence, il serait incapable de travailler, et les produits deviendraient impossibles. Ainsi, quand le numéraire est commun, la consommation étant facile et se développant avec vigueur par la concurrence des consommateurs, fait renchérir le prix de la main-d'œuvre et des produits, ce qui permet à la propriété d'absorber le capital.

Quand au contraire le numéraire est rare, la difficulté de la consommation nécessite la concurrence des producteurs, qui cherchent dans ce cas à vendre leurs produits au rabais, donnant ainsi toute facilité au capital d'absorber à son tour la propriété.

Donc, concurrence des consommateurs, concurrence des producteurs : voilà les deux mobiles du thermomètre économique.

Quant à l'ouvrier, placé au milieu des évolutions capitalistes et propriétaires, réduit comme il fut en tout temps au minimum de la vie, il reçoit toujours un salaire représentant la première nécessité des échanges ; c'est-à-dire que, du moment qu'il travaille, il gagne invariablement un prix de journée qui n'est pour lui ni un avantage ni une perte, car il reste comme étranger à la hausse et à la baisse du numéraire.

On peut donc conclure de ceci, que si la France possède un capital numérique de cinq milliards, je suppose, et qu'une paire de souliers se vende 6 francs ; doublez ce capital, et la même paire se vendra 12 francs au lieu de 6. Ainsi, l'augmentation de la quantité de la finance, par la raison qu'elle occasionne la concurrence des consommateurs, nécessite fatalement l'augmentation du prix des produits du travail. Mais comme la propriété est la détentrice des instruments du travail, il en résulte qu'elle fait la loi aux travailleurs, et qu'elle profite seule de la concurrence des consommateurs et de l'abondance du numéraire.

On le voit, le travail peut être tour à tour exploité ou par le capital ou par la propriété, selon la domination de l'un ou de l'autre, mais jamais il n'a rien à gagner à ce changement de maître ; que le baudet soit au service de Pierre ou de Paul, son bât n'en sera ni plus lourd ni plus léger d'une manière que de l'autre.

Voici maintenant comment s'effectue la négation de la Banque constitutionnelle collective au profit des banques individuelles.

Supposant un moment que la généralité des propriétaires de France soient représentés par deux individus, l'un personnifiant les grands, l'autre les petits. Admettant que la banque constitutionnelle émette 30 milliards de papier-monnaie, le premier en prendrait les deux tiers, et le reste serait pour le second. Le riche, profitant de la supériorité de sa fortune, ferait fabriquer en grand, et réaliserait de cette manière une économie de temps et de moyens, ce qui lui permettrait d'établir ses produits à peu de frais et de les vendre à meilleur marché. Le moins riche, n'ayant pas le même avantage, ne pourrait créer des produits aussi facilement ni les donner au même prix que son concurrent. Or, comme dans une société non solidaire la *consommation* se trouve *séparée* de la *production*, il en résulte que les ouvriers occupés par le petit producteur recevraient de lui un salaire qu'ils iraient dépenser chez le grand producteur, attendu que celui-ci leur offrirait des produits consommables plus avantageux que ceux de leur patron. Ainsi, par l'ouvrier consommateur, recevant d'un côté un salaire qu'il va porter de l'autre, les dix milliards empruntés par le pauvre industriel passent, par le prix de main-d'œuvre qui se transforme en consommation, dans la caisse du riche industriel. Dix milliards que ce dernier vient d'accaparer en absorbant tous les petits courants économiques, et vingt milliards qu'il possédait déjà, cela lui fait donc tout juste les trente milliards émis par la banque constitutionnelle.

D'après cette loi de centralisation individuelle, dominant la centralisation collective par la *séparation* de la *production* et de la *consommation*, on voit que l'absence du numéraire n'est pas en principe occasionnée par la rareté même du numéraire, mais bien par son accaparement, résultant de la concurrence. N'est-ce donc pas une absurdité inouïe de vouloir créer un papier-monnaie pour remplacer l'or et l'argent en retraite, quand la même loi présiderait à sa distribution, et nécessiterait périodiquement de nouvelles émissions de billets qui, à force de se multiplier, tomberaient dans une misérable dépréciation ?

Quoi ! prétendus réformateurs du crédit, vous vous posez comme les champions du progrès, et votre doctrine n'est qu'une ridicule parodie de ce qui se passe dans l'économie actuelle ! Seriez-vous bien plus avancés quand vous auriez, par la création de vos nouveaux assignats, déplacé les fortunes, troublé l'ordre social, ruiné les petits rentiers, et le tout sans améliorer en rien le sort de l'ouvrier ? Avouez que quand vous voulez réformer, vous ne savez que faire le mal, et que vous êtes radicalement impuisssants à produire le bien !

— Nous avons vu, plus haut, que le crédit monarchique pouvait parfaitement bien s'appliquer, et que le crédit constitutionnel avait également sa possibilité, puisqu'il se réalise suivant les bases de la société actuelle et reproduit exactement les principes de notre ordre économique. Or, comme le proudhonisme ne veut ni de la société passée ni de la société présente, voyons à quelle forme sociale conduit définitivement son crédit démocratique.

D'abord le peuple, étant souverain, doit travailler dans son intérêt propre, comme le roi travaillerait pour le sien. Mais le peuple se trouvant forcé de tirer sa richesse de ses propres membres, bien différent en cela d'un prince qui tirait la sienne de ses sujets, doit nécessairement employer d'autres moyens que ceux d'un monarque. C'est pourquoi, si la banque royale pouvait être regardée comme une institution utile, la banque populaire est une imbécile utopie, dont l'idée ne peut sortir que d'un cerveau malade.

En effet, qu'est-ce que représente le numéraire ? la liberté individuelle. Qu'est-ce que représente la souveraineté du peuple ? la dépendance individuelle. Il y a donc une anomalie monstrueuse entre la banque proudhonienne soi-disant démocratique, et la domination nationale.

La démocratie implique la centralisation générale des capitaux, tandis que le crédit-Proudhon suppose forcément la centralisation personnelle de ces capitaux. Ainsi la société, après avoir disposé de la fortune de tous les citoyens pour fonder son empire économique, leur rendrait ces fortunes sous forme de crédit égalitaire pour qu'ils les dévorent en toute liberté, c'est-à-dire que la société se suiciderait par ses propres membres.

La banque proudhonienne émettrait à son point de départ soixante à quatre-vingts milliards de bons de circulation. Puis, suivant le principe de l'égalité du droit au crédit, tout citoyen recevrait la même somme de papier sans être obligé de fournir aucune garantie de solvabilité, car c'est en cela seulement que se distingue le crédit démocratique ; autrement il serait constitutionnel et n'aurait rien de populaire. Alors les crédités n'étant tenus à aucun remboursement, tandis que le papier-monnaie aurait un cours forcé, il en résulterait que chaque billet serait entre les mains de son porteur une assignation à la liquidation de la propriété, une lettre de change tirée à vue sur les capitalistes, et même au besoin, un mandat d'amener contre tous les propriétaires. Le bon de circulation serait pour les agrairiens un moyen hypocrite et lâche de voler légalement le bien d'autrui. Il ne faudrait pas six mois de ce régime pour faire table rase de tous les produits agricoles, commerciaux et industriels. La banque agrairienne ressemblerait à une tempête de feu universel, elle consumerait tous les éléments de l'économie sociale, elle tarirait fatalement toutes les sources de la vie physique, morale et intellectuelle.

Maintenant il suffit de rapprocher la souveraineté royale, telle qu'elle est en principe, de la souveraineté populaire telle que l'entend le proudhonisme, pour voir qu'elles aboutissent l'une et l'autre à des résultats diamétralement opposés.

Le roi, en appliquant un mode de crédit, duquel il tirait ses revenus tenant lieu d'impôts, avait empire sur toutes les branches de production, et, par cet empire, il reliait en faisceaux les divers éléments de l'activité économique, il constituait, en un mot, l'unité sociale.

Le peuple, en créditant chaque citoyen avec le bien des personnes qu'il a dépouillées, ou, pour mieux dire, en invitant chaque travailleur à manger légalement la fortune des riches, détruit tous les centres de production, pulvérise toutes les forces vitales de la société, anéantit de fond en comble tous les principes qui concourent à la manifestation de la vie humaine.

Le roi, lui, dans son arbitraire, n'avait pas vingt-cinq millions d'estomacs pour digérer les biens de la France ; d'un autre côté, son orgueil, son opulence, ses prodigalités et jusqu'à ses moindres défauts, étaient autant de mobiles qui provoquaient la naissance des arts, des sciences et de l'industrie. Ses vices se transformaient en ressorts du progrès, ses vertus étaient l'espérance de la société et la sauvegarde des faibles contre les forts.

Le peuple proudhonien, car je ne veux point parler d'un autre, voulant singer la royauté d'un prince, se transforme en trente millions de bandits, trente millions de loups affamés, portant partout la dévastation et la ruine.

Le roi, pour grandir sa renommée, illustrer son règne, commandait au génie de créer. — A sa voix, mille inventions utiles naissaient à l'envi : l'industrie s'efforçait de flatter ses sens, les arts rivalisaient de zèle pour émouvoir son âme, les sciences, stimulées par le désir de plaire à son esprit, déchiraient les voiles des mystères de la nature, et dissipaient ainsi les nuages qui couvraient la route du progrès ; enfin, par l'empire du monarque, la civilisation s'élevait rayonnante de lumières et de bienfaits. Comme au printemps, on voit le soleil par l'éclat de ses feux, dissiper les brouillards des mauvais jours et féconder la terre, ainsi la monarchie est venue dissiper la barbarie et féconder l'humanité.

Au commandement du peuple proudhoniste, au contraire, du moment qu'il exige des jouissances, le cabinet du philosophe est pillé, l'atelier de l'artiste est saccagé, la boutique du commerçant est dévastée. A la voix de l'anarchiste, l'intelligence, l'activité et le savoir fuient épouvantés ; la gloire, la richesse, la puissance et la civilisation rentrent dans les ténèbres : l'humanité n'est plus !

Et dire que l'auteur de la Banque agrairienne a été regardé comme le seul homme de la révolution de Février ! Quelle flétrissure pour cet événement ! et surtout quelle honte pour les philosophes socialistes !

### De la concurrence.

Le principe de la concurrence présente deux côtés bien distincts dans ses effets : par l'un, il est un stimulant créateur, enfantant toutes sortes d'inventions utiles à la société ; par l'autre, il est un moyen d'accaparement avantageux à l'intérêt individuel et hostile à l'intérêt général. Mais comme ces deux faces de la concurrence sont inséparables l'une de l'autre, et identiques au fond, il en résulte qu'on ne saurait retrancher la première sans retrancher la seconde, et réciproquement : l'abus est inhérent au principe. Or, comme la concurrence est d'une nécessité absolue pour le développement primitif de l'homme, il y aurait donc un danger imminent à la supprimer avant qu'elle eût rempli sa tâche, c'est-à-dire avant que le monde soit arrivé, par elle, à l'état de virilité intellectuelle. Par conséquent, la société est obligée de supporter le mal qu'elle peut faire, en vue du bien qu'elle doit réaliser, ou, pour mieux dire, le monde est forcé de subir ses excès pour éviter le mal que son absence rendrait inévitable.

Physiquement, dans son principe, l'antagonisme a pour but de donner le mouvement au corps pesant ; mais, avec le temps, le mouvement subtilise les corps et devient immanent à leur substance, de sorte que quand la matière arrive à ce point, elle devient, en quelque façon, active par elle-même ; alors l'antagonisme, n'ayant plus de raison, cesse d'exister. La même loi régit l'humanité.

A son point de départ, l'humanité est un corps moral pesant qui ne saurait se mouvoir que par les antagonismes sociaux, lesquels travaillent incessamment à la spiritualiser. Mais quand elle sera arrivée au degré suffisant de subtilisation morale et intellectuelle, elle trouvera assez de force dans l'intimité de sa propre conscience pour agir par son propre mouvement. Le monde spiritualisé, semblable à l'homme accompli, n'agira plus par la crainte du mal et par des motifs extérieurs : l'amour seul sera le mobile de ses actions. Et de même que la matière, en se divisant à l'infini par ses mouvements opposés, se pénètre dans toutes les parties, et réalise l'absorption universelle des éléments les plus contraires, de même aussi les luttes de l'individualisme sont autant de puissances analytiques qui pénètrent l'humanité, subtilisent sa nature, et la font marcher invinciblement vers la parfaite réalisation du fusionisme intellectuel annoncé par le Christ.

Ainsi, par l'antagonisme, l'*inertie* se change en *mouvement*, et la *division* en *fusion*.

Le proudhonisme, n'envisageant le monde qu'au point de vue purement matériel, n'aperçoit pas ces hautes vérités. Il ne voit dans l'homme ni science ni sagesse, ni cause ni fin intelligente. Il nie que notre espèce doive se développer d'après le plan d'une création arrêtée et posée par la souveraine puissance qui régit l'univers. Tout, selon lui, dans l'immensité, n'est que hasard, arbitraire et confusion. Aussi ses raisonnements n'ont-ils rien de concordant, et reproduisent-ils fidèlement, dans leurs expressions, toutes les croyances anarchiques. Du reste, ses idées sur la concurrence vont nous en donner une nouvelle preuve.

On lit dans les *Confessions d'un révolutionnaire*, page 6 et 7 :

« L'autorité, voilà quelle a été la première *idée sociale* du genre humain... Mais l'autorité ne fut pas plutôt imaginée dans le monde qu'elle devint l'objet de la *compétition* universelle. Autorité, gouvernement, pouvoir, État, ces mots sont tous la même chose. Chacun y vit le moyen d'opprimer et d'exploiter ses semblables. Absolutistes, doctrinaires, démagogues socialistes, tournèrent incessamment leurs regards vers l'autorité, comme vers leur pôle unique. C'est pour cela, ajoute le philosophe, que tous les partis sans exception, en tant qu'ils affectent le pouvoir, sont des variétés de l'absolutisme, et qu'il n'y aura de liberté pour les citoyens, d'ordre pour les sociétés, d'union pour les travailleurs, que lorsque le renoncement aura remplacé, dans le catéchisme politique, la foi à l'autorité.

« *Plus de partis*,

« *Plus d'autorité,*

« *Liberté absolue de l'homme et du citoyen.* »

On lit dans les statuts de la Banque du peuple :

« *La Banque du peuple*, tout en favorisant les associations ouvrières, maintient la *liberté de concurrence* émulative, comme principe de tous progrès et garantie de bonne qualité et de bon marché.»

Ainsi, suivant M. Proudhon, ce qui fait la *compétition* ou la *concurrence* des partis, c'est l'autorité. L'autorité procurant d'un côté la puissance et l'honneur, de l'autre la fortune et les jouissances. C'est ce double avantage attaché au gouvernement qui fit naître les partis politiques, lesquels rivalisèrent de ruse et d'audace pour conquérir cette toison d'or. Chaque faction gouvernementale n'a jamais vu dans le pouvoir qu'un moyen d'opprimer et d'exploiter ses semblables. L'auteur de la Banque du peuple constate donc que la *concurrence* politique a un but d'intérêt, sans cela les partis « ne tourneraient pas leurs regards vers l'Etat comme vers leur pôle unique. » Et comme il ne veut plus de luttes politiques, il s'écrie : « *Plus de partis, plus d'autorité.* » Cependant il *maintient la concurrence* économique, c'est-à-dire qu'il veut la conservation des partis et de l'autorité propriétaire.

Qu'est-ce que la concurrence ? C'est l'antagonisme du travail contre le capital, du salaire contre le bénéfice, de la propriété contre le numéraire, de la consommation contre la production, de l'industrie contre le commerce, du commerce contre l'agriculture ; la concurrence, c'est la lutte des travailleurs entre eux, allant offrir leurs bras au rabais ; c'est la rivalité des producteurs entre eux, fabriquant à meilleur marché possible, afin de monopoliser, à l'envi l'un de l'autre, le domaine de la consommation ; la concurrence, c'est le combat de tous les éléments économiques tendant à s'absorber réciproquement, c'est-à-dire à conquérir la fortune ; la concurrence, enfin, c'est tout cela ou ce n'est rien.

*Les partis économiques tournent donc aussi leurs regards vers la propriété comme vers leur pôle unique ; c'est pour cela, ajoute le philosophe, que tous les partis, en tant qu'ils se font concurrence, ne sont que des variétés de propriétaires qui affectent le capital, parce qu'ils y trouvent un moyen d'exploiter leurs semblables.*

Jugez vous-même de votre inconséquence, monsieur Proudhon : quand vous dites : Plus de partis, plus d'autorité, cela signifie : plus de *concurrence* politique, à bas le budget et tous les priviléges gouvernementaux ! — Vivent l'égalité et la liberté !

Et quand vous déclarez que vous maintenez la *concurrence économique*, c'est comme si vous disiez : Vivent les partis qui se disputent la fortune et ses priviléges ! vive la monarchie du capital ! — A bas l'égalité et la liberté.

Cependant vous avez dit que l'*exploitation de l'homme par l'homme* disparaîtrait avec le *gouvernement de l'homme par l'homme;* s'il en est ainsi, l'anéantissement de la *concurrence* politique doit entraîner aussi l'anéantissement de la *concurrence* économique; pour quelle raison alors voulez-vous conserver celle-ci et faire disparaître celle-là ? Vous reconnaissez que le roi de l'époque c'est le capital, vous affirmez que la politique n'est que l'agent de police du propriétaire, et, par un raisonnement étrange, vous décrétez sérieusemenl l'abolition du pouvoir politique, qui n'existe que comme un accessoire, pendant que par votre maintien de la concurrence vous proclamez la souveraineté de la propriété, cette reine remplie de vigueur et de force. Convenez que vous faites un rude enfonceur de portes ouvertes, et un terrible constructeur de maisons bâties !

Si votre concurrence n'implique pas le droit exclusif de propriété, si elle ne suppose pas une rivalité d'accaparement, c'est une concurrence négative, et, je vous le répète, elle ne signifie rien. Pourquoi voudriez-vous que des individus cherchassent à s'enrichir en luttant les uns contre les autres, si après qu'ils auraient atteint le but désiré, on leur disait : Ce que vous avez gagné ne vous appartient pas, vous devez le donner gratuitement aux personnes qui n'ont rien fait ? Evidemment ces individus gagneraient beaucoup plus à s'aller coucher qu'à se jeter à corps perdu dans les tracas d'une concurrence qui ne les avancerait à rien. Vous avez dit que dans votre système le travail et le capital seraient identifiés. Si cela est vrai, il est évident que l'identification de ces deux termes exclut nécessairement toute idée de concurrence. Car du moment que le travailleur et le capitaliste sont une seule et même personne, en quoi, en qui, et comment, où la concurrence pourra-t-elle exister ? Sachez-le bien, l'identification des deux pôles économiques, c'est la communauté. Expliquez-nous donc de quelle manière « vous maintenez la concurrence, principe de tout progrès, et garantie de bonne qualité et de bon marché ? »

D'abord, vous répétez à tout instant que le crédit gratuit a pour but de faire que chaque travailleur ait intégralement les produits de son travail.

Si chacun doit avoir la totalité des fruits de son travail, la bonne ou la mauvaise qualité des produits qu'il crée ne regarde personne, attendu que chaque individu travaille pour soi. Qu'importe à mon voisin que je gâche ce qui m'appartient ? est-ce que cela peut lui faire quelque chose ? Que je fasse bien, c'est pour moi; que je fasse mal, c'est encore pour moi; c'est moi seul qui profite ou qui souffre de mes actions. Par conséquent, je ne vois pas du tout en quoi votre concurrence peut garantir plutôt la bonne que la mauvaise qualité des marchandises. Si vous objectez que le mauvais producteur ne trouverait pas à changer ses produits, oh ! alors, vous reconnaissez qu'il y a des risques et périls dans le mouvement économique; partant, vous constatez qu'il n'est pas possible que chacun ait les produits de son travail. Quant à la question du bon marché, votre pensée est encore plus absurde. Voudriez-vous bien m'apprendre comment l'individu qui travaille exclusivement pour lui peut donner ses produits à bon marché, sans se faire tort à lui-même ? N'est-il pas évident que bon marché des produits correspond à bon marché du travail, et que bon marché du travail signifie cherté du capital; ce qui implique pour le travailleur le fait de l'exploitation ? En effet, si j'ai vendu une journée de mon travail 2 francs, et que l'acheteur ait fait avec moi un bon *marché*, il est certain qu'il aura gagné un bénéfice, et que j'aurai éprouvé une perte, c'est-à-dire que ma journée lui aura valu 3 francs, je suppose, ce qui aura fait pour moi une perte de 1 franc. Autrement, s'il n'avait rien gagné, il n'aurait pas eu à bon marché, et s'il n'avait pas eu à bon marché, je n'aurais rien perdu. Ainsi perte, gain, bon marché, cherté, sont termes correspondants.

Encore une fois, que signifie votre concurrence ? Si vous entendez que les producteurs devront concurremment donner leurs produits au rabais aux consommateurs, alors vous constatez que la consommation est difficile, que le capital numérique est rare et qu'il devra absorber la propriété et le travail. Si, au contraire, vous comprenez que les consommateurs devront se faire concurrence en faveur des producteurs, dans ce cas, vous faites voir que les produits sont recherchés, que la propriété est hors de prix, et qu'elle doit absorber le capital et le travail. Donc concurrence, victoire, défaite, domination, absorption, despotisme, servitude, sont autant de corollaires fatals qui se nécessitent réciproquement.

Le génie humain a pour but de dompter la nature physique, et de la subordonner par la puissance mécanique aux besoins de l'homme. Cette tâche étant remplie, il est clair que le travail ne sera plus dans l'avenir la condition rigoureuse de la vie matérielle, et que l'égalité sociale devra être un jour la règle de l'humanité. La concurrence, par son principe émulatif, provoque, stimule le génie, c'est-à-dire fait avancer l'humanité vers le règne de l'égalité, pendant que, par son principe d'accaparement, elle tend à réaliser de plus en plus l'inégalité. Cette contradiction ne peut qu'augmenter la lutte acharnée qui existe entre l'avenir et le passé, et à aggraver toujours davantage les périls qui menacent la société. Or, il n'y a pas d'autre solution salutaire à l'issue de ce combat social, qu'une puissante rénovation religieuse, capable d'amener les hommes à s'aimer réciproquement. Il faut, suivant l'expression de saint Paul, que le Christ soit, dans la société chrétienne, *Tout* en *tous* ; c'es-à-dire qu'il faut que tous les peuples du monde s'identifient avec l'esprit du christianisme, et forment une solidarité morale universelle, qui ne permette plus à l'injustice et aux souffrances imméritées d'avoir aucune place sur la terre.

Or, la solidarité morale consiste dans cette croyance si positive : que l'infini de l'Être n'ayant ni commencement ni fin dans son étendue, ne saurait en avoir dans sa durée ; par conséquent l'immensité de l'Être infini implique son éternité. Si donc l'Être est éternel dans son université, il n'est pas possible qu'il soit temporaire dans ses parties.

L'humanité, partie de l'univers, est donc immortelle dans son tout ; partant, ce serait une erreur grossière de croire qu'elle est mortelle dans ses membres. Mais si l'éternité du tout implique l'éternité de la partie, la conscience de la partie implique avec non moins d'évidence la conscience du tout, et réciproquement.

Ainsi, quand l'athée affirme qu'après avoir cessé d'exister sous sa forme actuelle l'homme perd la conscience de son individualité, et noie son intelligence dans le grand tout, où il suppose qu'elle n'est plus rien, n'est-ce pas comme s'il disait que le grand tout intelligent est composé de rien, ou n'est pas ? mais si le grand tout n'est pas, comment la partie pourra-t-elle exister ?

L'esprit divin est donc la somme absolue de tous les esprits parfaits, se pénétrant simultanément, et rayonnant universellement en tout sens par leur fusion mutuelle. Et c'est par l'accord de l'infini des mouvements divers de la vie que tous vivent dans un, et que un vit dans tous. Sortez de là, vous êtes aussitôt frappé d'aveuglement. Restez dans cette croyance, et vous acquérez la certitude que hors de la solidarité morale il n'y a que ténèbres et néant. Or, l'ennemi de soi-même et de toute société est celui dont la foi repose sur le néant.

Examinons maintenant la pratique de la concurrence en rapport avec le crédit gratuit.

Je suppose un instant que nous soyons au point de départ de la société proudhonienne, et que tous les travailleurs soient gratuitement et également bien munis d'instruments de travail. Comme la liberté absolue serait le principe de leur conduite, cette liberté implique que chacun d'eux aurait individuellement l'initiative et la responsabilité de ses propres œuvres, et travaillerait d'une manière absolue à ses risques et périls. Un tel système produirait une concurrence qui atteindrait le plus haut degré du *chacun pour soi et du chacun chez soi;* car, dans l'ordre purement matériel, l'insolidarité morale et l'égoïsme de la brute se développent en raison même de la volonté qu'ont les hommes de jouir d'une liberté sans limite et sans gêne. Ce n'est point comme dans l'ordre moral, plus le désir de la liberté est grand, plus l'amour du prochain vous rapproche de vos semblables et vous unit à eux, sachant que vous ne pouvez être fort qu'avec les forts, et libre qu'avec les indépendants. La force et la liberté se multiplient par la solidarité des cœurs et des esprits; la faiblesse et l'esclavage sont le lot des matérialistes, soit qu'ils vivent en communauté ou en individualité.

Poursuivons.

Les producteurs agrairiens, mus par un mobile essentiellement physique, ressembleraient, avec leur part égale de crédit gratuit et leur concurrence, à des gardes nationaux auxquels on aurait distribué des armes et des munitions de guerre, et auxquels on aurait dit : « Rappelez-vous que vous êtes tous réciproquement ennemis les uns des autres, que votre devoir est de vous combattre sans trêve ni merci; par conséquent n'oubliez pas que vous devez rivaliser de zèle et d'habileté chacun de votre côté à ruiner vos semblables et à les déposséder de ce qui leur appartient. » Cela posé, voici ce qui arriverait :

D'abord toute société, pour être réellement libre, doit, à l'aide de ses puissances mécaniques, pouvoir suffire largement à la satisfaction de ses besoins physiques d'un jour, avec une demi-journée de travail; autrement elle serait esclave des nécessités matérielles, et la liberté ne serait plus pour elle qu'un vain mot.

Tous les matins la société ne demanderait donc à la masse des producteurs qu'une demi-journée d'occupation. Mais comme une insolidarité radicale existerait entre les producteurs, à cause de l'initiative et de la responsabilité individuelle absolue, il leur serait complétement impossible de s'entendre pour ne travailler chacun qu'une demi-journée ; tous, au contraire, mus par le désir d'amasser des biens, voudraient non-seulement travailler la journée entière, mais encore la semaine, le mois, l'année, et plusieurs années de suite, afin de pouvoir vivre tranquilles et se reposer après quinze ou vingt ans de travail.

Cette pensée de s'enrichir, si naturelle à l'homme, dominerait la plupart des travailleurs, lesquels feraient individuellement leurs efforts pour accaparer le travail. Et, dans ce combat des intérêts divers, les producteurs les plus habiles ne tarderaient pas, en offrant des produits à meilleur marché aux consommateurs, à se rendre maîtres du domaine de la production, par l'accaparement de la consommation. D'après cette conséquence finale, on peut juger que, sur vingt millions d'ouvriers, je suppose, qui auraient été appelés à travailler cinq heures par jour, la moitié travaillerait la journée entière, ce qui obligerait l'autre moitié à un chômage forcé. Donc l'occupation continuelle des uns implique nécessairement le chômage continuel des autres. Ces derniers ayant été exclus du travail soit par incapacité, soit par mauvais vouloir, se verraient contraints de manger stérilement leur crédit, et comme ils finiraient par n'avoir plus aucun moyen d'existence, ils se trouveraient dans l'obligation d'aller offrir leurs bras au rabais aux entrepreneurs favorisés par leur intelligence et leur activité supérieure ; voilà le résultat inévitable de l'inégalité d'aptitude, de moralité et de bonne volonté. Ainsi la société, se moulant selon la nature de l'homme, se rétablirait de la même manière qu'elle est constituée actuellement, en dépit du crédit gratuit. Maintenant, si vous prétendez qu'on devra continuer à faire des avances aux individus qui auraient déjà dissipé les leurs à ne rien faire, alors la dissipation, la paresse et l'incapacité deviendraient des titres « payés, encouragés, multipliés. » Mais comment supposer qu'après un combat industriel et commercial, les vainqueurs, devenus détenteurs exclusifs des capitaux, viennent créditer les vaincus ? Est-ce qu'à la suite d'une guerre on voit les guerriers triomphants rendre les armes à leurs ennemis pour recommencer des hostilités

qui pourraient leur faire perdre les fruits de leurs premières vic-
toires ? A-t-on jamais vu un épicier dire à son garçon : Tiens,
voilà dix mille francs que je te prête, établis une boutique à côté
de la mienne, fais tous tes efforts pour me ravir ma clientèle et
me ruiner.—Non. Comment donc alors osez-vous parler de droit
au crédit et de concurrence ? Avez-vous la prétention de faire que
mutualité et rivalité soient une seule et même chose ? « Vraiment,
il est des époques où l'espèce humaine hébétée ne peut être rame-
née au sens commun que par les plus grosses platitudes. Nous
sommes à une de ces époques-là. »

« Par la séparation des pouvoirs économiques, dites-vous, qui
sont d'un côté les entrepreneurs capitalistes, et de l'autre les ouvriers salariés, la monnaie est devenue une féodalité financière. »
Donc, en continuant cette séparation par la concurrence, vous
continuez cette féodalité que vous combattez avec tant d'acharnement. Il est vrai que vous réclamez l'application du droit au *crédit gratuit*, droit qui n'existe pas aujourd'hui. Mais je crois avoir
suffisamment démontré l'incompatibilité absolue du droit au crédit et de la concurrence, pour qu'il soit nécessaire désormais de
revenir sur cette question. D'ailleurs, vous dites vous-même, dans
les *Confessions d'un révolutionnaire*, page 63 : « Que le crédit
gratuit est irréalisable, dangereux même dans une société où règne
l'antagonisme. » Après cet aveu si catégorique, par lequel vous
vous réfutez positivement vous-même, toute discussion est close
sur votre doctrine, qui doit désormais être rangée parmi les
contes des *Mille et une Nuits*.

FIN.

# Sommaire.

Le crédit gratuit nie la propriété, et réciproquement.—Démonstration du principe de la propriété. — Qu'est-ce que l'Etat? sa raison d'être. Qu'est-ce que Dieu? la preuve de son existence. — Les constitutions politiques moulent les constitutions sociales, et réciproquement. — Du mutuel échange. — Comment il se distingue du crédit. — Absurdité de la loi agraire. — La gratuité du crédit et la communauté, quoique formant deux pôles extrêmes, ont le même point de départ et sont également fondées sur la négation de la propriété. — La communauté matérielle est semblable à une étable d'animaux domestiques où chaque individu reçoit du maître sa portion de nourriture. Le régime proudhonien est, au contraire, une arène de bêtes fauves, se disputant leur proie et s'égorgeant réciproquement. — Le proudhonisme est la négation de toute société, le communisme matérialiste est la négation de toute individualité. — Définition de la concurrence. — Son principe et sa fin. — De l'impôt unique, par M. de Girardin, et corroboré par M. Proudhon.

9 7 8 2 0 1 1 7 4 5 1 3 2